Anna Ehrlich / Jennifer Faulkner

WIEN für coole Kids

Anna Ehrlich / Jennifer Faulkner

WIEN für coole Kids

Mit 116 Abbildungen

Amalthea

Für Julietta Ehrlich
und Myriam Faulkner

Besuchen Sie uns im Internet unter: www.amalthea.at

Führungen zu diesem Thema buchen Sie unter
www.wienfuehrung.com

Umschlaggestaltung: Elisabeth Pirker, OFFBEAT
Umschlaggrafiken: Schönbrunn, Skyline © iStock.com;
Figur Cover rechts © Sophie Denk
Lektorat: Martin Bruny
Satz: Franz Hanns
Gesetzt aus der: Weidemann Book 11/14 pt
Printed in the EU
ISBN 978-3-85002-914-8

Inhalt

Das grüne Wien und das Wasser

Auf den Spuren berühmter Leute

Spezielle Touren

Wissenswertes für coole Kids

Anhang

Einleitung
Joey stellt sich vor

Hallo! Hier bin ich wieder und freue mich sehr, dir zu begegnen. Kannst du dich noch an unsere gemeinsamen Spaziergänge durch die Wiener Innenstadt im Buch »Wien für kluge Kinder« erinnern? Wir hatten sehr viel Spaß dabei.

Falls du nicht dabei warst, möchte ich mich dir jetzt vorstellen: Ich bin das Zauberwesen Joey, ein »Ersie«, also weder Mädchen noch Bub, sondern ganz nach Bedarf eines von beiden. Ich kann die Gestalt jedes jetzt oder früher lebenden Wesens annehmen und durch die Zeit reisen, ja sogar dich verzaubern und in Wiens Vergangenheit mitnehmen. Wir werden dort gar nicht auffallen, denn ich verwandle unser Aussehen und unsere Kleider gleich mit.

Die Stadt war früher nicht immer so ruhig und sicher wie heute. Ich habe schreckliche Zeiten miterlebt, in denen die Pest und Kriege wüteten oder die Donau ganze Stadtviertel unter Wasser gesetzt hat. Ich war beim Begräbnis von Mozart und Falco dabei und bin der Weltreisenden Ida Pfeiffer begegnet. Schön war es in Schönbrunn, als ich mit den Kindern Maria Theresias spielte. Ich habe sogar mit dem Donauweibchen getanzt. Nixen und gute Geister wie ich, aber auch böse Gespenster und sogar der Teufel selbst halten sich seit jeher gerne in menschlicher Gestalt in Wien auf, einer der schönsten Städte der Welt.

Kann es losgehen? In diesem Band möchte ich mit dir durch die ehemaligen Vorstädte und Vororte wandern, zur Donauinsel und in den Prater, nach Schönbrunn, zum Belvedere und dich ferner auf die Spuren berühmter Menschen wie Falco, Hundertwasser, Schubert und Kaiserin Elisabeth (»Sisi«) führen. Du kannst diese Spaziergänge auch alleine nachgehen, deine Mitschüler zu Fuß oder per Fahrrad durch Wien führen und sogar deinen Eltern viel Unbekanntes erzählen.

Schloss Schönbrunn

Im Kindermuseum

Kinderleben am Kaiserhof

Du möchtest sicher Schloss Schönbrunn, die Sommerresidenz der kaiserlichen Familie, sehen? Joey wartet schon am Haupttor vor dem Ehrenhof auf dich, du hast von hier einen guten Blick auf das große Schloss.

»Was zeigst du mir zuerst?«, willst du wissen.

»Da gibt es ein eigenes Museum für Kinder, da gehen wir zuerst hin. Ich werde dir erklären, wie man am Hof der Kaiserin Maria Theresia gelebt hat. Lass dich überraschen!«

Um euch herum beginnt sich alles zu drehen, und schon seid ihr in der Vergangenheit angekommen, im Jahr 1760. Aus Joey ist eine hübsche junge Prinzessin geworden, und du hast dich in eine Hofdame verwandelt.

Geburtstagsfeier im Kindermuseum

Schloss Schönbrunn im 18. Jahrhundert

Eine Reise ins Jahr 1760

Im Ehrenhof herrscht reges Kommen und Gehen. Welch ein Lärm!

»Ich bin Marie Christine, die Lieblingstochter der Kaiserin Maria Theresia«, sagt die kleine Prinzessin, und setzt mit drolliger Miene fort: »Sie mag mich besonders gern, denn ich war ihr Geburtstagsgeschenk. Stell dir vor: Gerade als ihre Geburtstagsfeier am Pfingstsonntag des Jahres 1742 in vollem Gange war, platzte ich mitten hinein.«

Du lachst herzlich und willst wissen: »Wohnt ihr immer hier?«

»Aber nein«, antwortet Prinzessin Joey. »Wir sind erst gestern angekommen. Alljährlich zu Beginn der schönen Jahreszeit machen wir uns mit dem gesamten Hof von der Hofburg aus hierher auf den Weg. Kannst du dir vorstellen, wie lange die Vorbereitungen dazu dauern? Wochen, ja sogar Monate. Denn alles Nötige muss eingepackt werden, die Möbel, Textilien, Kochtöpfe, Musikinstrumente, Noten, Bücher, Sättel und zum Schluss natürlich alle persönlichen Dinge. Die

Dienerschaft ist immer ganz aus dem Häuschen. Große Aufregung! Denn es darf ja nichts vergessen werden, und alles muss schon vor unserer Ankunft hier am richtigen Platz sein. Wenn wir dann endlich mit unserem Gefolge von der Hofburg aufbrechen, laufen die Neugierigen von allen Seiten zusammen, denn uns sieht man ja nicht alle Tage. Das Volk steht dicht gedrängt stundenlang an den Straßen Spalier, verrenkt sich die Hälse nach uns, ruft und winkt. Manchmal sieht das recht komisch aus und lässt uns herzlich lachen, was sehr gut ist: Denn wir Kinder sollen ja genau wie die Eltern ständig lächeln und gnädig zurückwinken, das erwarten die Leute. Also kommen die Kutschen recht langsam voran, und der kurze Weg hinaus nach Schönbrunn wird zu einer längeren Fahrt, vor allem, wenn das Wetter schön ist. Sobald wir aber hier sind, haben wir das Gedränge schon wieder vergessen und freuen uns über die frische Luft.«

Die Prinzessin nimmt deine Hand und führt dich um das Schloss herum zum Park. Auf dem Weg erfährst du die Geschichte von Schönbrunn.

Kleine Geschichte von Schönbrunn

Der Herrensitz, der sich auf diesem Areal schon seit dem 14. Jahrhundert befand, hieß Katterburg und kam 1569 durch Kauf in den Besitz der Habsburger, die hier Jagden veranstalteten. Dabei soll Kaiser Matthias im Jahre 1612 die Quelle entdeckt haben, der er den Namen »Schöner Brunnen« gab. Eleonore, die Witwe Kaiser Ferdinands II., griff den Namen auf, als sie um 1642 anstelle des alten Hauses das Lustschloss Schönbrunn für sich errichten ließ, das bald von den Osmanen verwüstet wurde. Kaiser Leopold I. wollte es auf den Grundmauern für seinen Thronfolger Joseph neu errichten lassen, und sein Architekt Johann Bernhard Fischer von Erlach entwarf einen großartigen Plan: Außer dem unteren Schloss sollte oben auf dem Hügel ein zweiter großartiger Palast errichtet werden, was aber zu teuer gewesen wäre. Ab 1696 baute man am unteren Schloss, im Jahre 1700 war der Mitteltrakt fertig, langsam nahmen auch die Seitenflügel Gestalt an. Nach Josephs I. frühem Tod diente das damals altrosa und weiß gestrichene Gebäude als Wohnsitz für seine Witwe Wilhelmine Amalie. Sie ließ es verschönern und den Irrgarten im Park anlegen.

Kaiserin Maria Theresia

1728 kaufte ihr Kaiser Karl VI. Schönbrunn ab und schenkte es seiner Tochter Maria Theresia, die es nach ihrem Regierungsantritt zu ihrer Sommerresidenz ausbauen ließ. 1746 waren die Kapelle, die Audienz- und Wohnräume für das Kaiserpaar fertig, es konnte einziehen. Danach wurde die große Freitreppe Fischers abgerissen, die Durchfahrtshalle im Erdgeschoß und anstelle des alten Speisesaales die Blaue Stiege geschaffen, die zur neu angelegten Großen und Kleinen Galerie hinaufführt. Das alte Deckenfresko von 1702/03 ist bis heute erhalten.

Da die kaiserliche Familie immer zahlreicher wurde, ließ Maria Theresia 1748 im Ostflügel zwischen der Herrschaftsetage und dem Obergeschoß ein Mezzanin für die Kinder und deren Hofstaat einfügen. Zu der Zeit entstanden auch die Nebengebäude, die für die Unterbringung und Versorgung von mehr als 1000 Personen nötig waren. Das auf ausdrücklichen Wunsch der Kaiserin erbaute Schlosstheater wurde 1747 feierlich eröffnet. Als Sänger und Schauspieler betätigten sich neben den Adeligen des Hofes die Kinder der Kaiserin, die sich übrigens auch selbst als talentierte Sängerin hervortat.

Bald nach 1750 war der Wohnraum schon wieder zu eng, nun wurde auch im Westtrakt ein Zwischengeschoß für die Kinder eingefügt. Erst danach nahm man die Fassade in Angriff: Sie wurde mit Rokoko-Dekor verziert und zitronengelb und weiß gestrichen.

Die Innenräume wurden nun ebenfalls im Rokoko-Stil ausgestattet.

Nach dem plötzlichen Tod von Kaiser Franz I. Stephan im Jahre 1765 ließ Maria Theresia mehrere Räume im Ostflügel zu seinem Gedenken kostbar ausstatten, mit chinesischen Lacktafeln, Papiertapeten und wertvollsten Holzvertäfelungen. Sie selbst bewohnte während der Sommermonate ab 1769 die Räume im Erdgeschoß, die von Johann Baptist Wenzel Bergl mit exotischen Landschaftsmalereien versehen wurden (»Berglzimmer«).

Erst ganz zuletzt wurde der Garten in Angriff genommen. Der Hofarchitekt Johann Ferdinand Hetzendorf von Hohenberg war dafür zuständig, er ließ die Gloriette, den Neptunbrunnen, die Römische Ruine und den Obelisken errichten und zahlreiche Statuen und Skulpturen aufstellen.

Der Neptunbrunnen im Schlossgarten

Nach Maria Theresias Tod blieb das Schloss lange unbewohnt. Erst ihr Enkel Kaiser Franz II./I. benützte es wieder als Sommerresidenz. Während der Franzosenkriege wurde Schönbrunn 1805 und 1809 besetzt, Napoleon wohnte in den Gedenkräumen Franz I. Stephans. Zwischen 1817 und 1819 ließ Kaiser Franz die Fassade erneuern, die Rokoko-Verzierungen wurden entfernt. Der Anstrich in der Farbe »Schönbrunner Gelb« dürfte auf diese Zeit zurückgehen.

1830 wurde Kaiser Franz Joseph im Ostflügel des Schlosses geboren. Er liebte das Schloss, wohnte den Großteil seines Lebens hier und starb auch hier.

Maria Anna, die gelehrte Erzherzogin

Ihr geht zurück zum Ehrenhof wo euch die älteste Schwester Marie Christines, Erzherzogin Maria Anna (1738–1789), mit einer Hofdame entgegenkommt. Sie sind auf dem Weg zum Schlosstheater.

»Deine Schwester sieht aber finster drein«, stellst du beim

Schloss Schönbrunn, Gartenseite

Anblick des langen, eckigen Gesichts, der großen Nase und der schmalen Lippen fest.

»Stimmt«, meint Prinzessin Joey. »Marianne ist oft leidend, doch nur um Mamans Aufmerksamkeit auf sich zu ziehen. Mit 18 Jahren war sie aber tatsächlich todkrank, man reichte ihr schon die Sterbesakramente. Dass sie wieder gesund

Maria Anna

wurde, war ein großes Wunder. Aber leider war nun ihr Rücken krumm, und so kann von einer Heirat keine Rede mehr sein. Das scheint sie jedoch nicht weiter zu stören, denn so kann sie für ihre Hobbys leben. Sie ist Papas Liebling, er nennt sie seinen gelehrten Blaustrumpf und bringt ihr eine Menge von seinem eigenen Wissen bei. Nun sag mir doch, ob sich denn so viel Gelehrsamkeit für eine Prinzessin gehört!«

Nach dem Tod ihres Vaters widmete sich Marianne weiterhin ihren wissenschaftlichen Studien. Zu ihren Freunden zählten Gelehrte, ja sogar etliche Freimaurer, was für eine katholische Prinzessin höchst ungewöhnlich war. Ihr Bruder Joseph II. mochte sie nicht, und als er auf den Thron kam, zog sie sich nach Klagenfurt ins Kloster der Elisabethinerinnen zurück.

Das Schönbrunner Schlosstheater

»Marianne geht sicher zu einer Tanzprobe«, meint Marie Christine, »damit sie wieder damit angeben kann, dass sie viel besser tanzt als ich. Wir Kinder machen alle bei den Theater- und Tanzaufführungen mit, das macht so richtig Spaß! Maman sieht uns gerne zu. Sie meint, dass wir auf der Bühne am besten die Scheu verlieren, vor fremden Menschen zu sprechen. Es ist nämlich gar nicht so leicht, bei Hof immer auf die richtige Art zu lächeln und mit Fremden zu sprechen. Wenn unser Vater, der Kaiser, Namenstag hat, gibt es immer ein großes Fest. Wir singen dabei italienische Arien, tanzen oder sagen Gedichte für ihn auf. Da dürfen wir in Kostüme schlüpfen, das ist besonders lustig. Einmal waren wir als Bauernkinder verkleidet, ein anderes Mal führten wir ein Stück über eine Dorfhochzeit auf, bei der mein Bruder Joseph den Nachtwächter gab. Ein anderes Mal traten wir Mädchen als Amazonen auf. Alle von uns singen, tanzen und musizieren gern, auch wenn wir sonst nicht viel gemeinsam haben. Wir können alle mit mehreren Musikinstrumenten, der Violine, dem Violoncello, dem Klavier und der Pauke, recht gut umgehen. Natürlich haben wir die besten Lehrer! Besonders meine kleine Schwester Maria Antonia nimmt ihre Rollen sehr ernst. Doch sonst ist sie oberflächlich und überhört jeden Tadel. Sie hat nur Dummheiten im Kopf. Aber sie ist ja noch keine fünf Jahre alt, da kann sich noch einiges ändern.«

Königin Marie Antoinette von Frankreich

Als Maria Antonia (1755–1793) mit dem zukünftigen König von Frankreich, Ludwig XVI., verheiratet wurde, war sie erst 14 Jahre alt. Ihr neues Volk war von ihr entzückt. Doch in den ersten sieben Jahre ihrer Ehe stellte sich kein Nachwuchs ein. Sie führte ein kostspieliges Luxusleben, ließ sich pro Jahr 170 Galakleider anfertigen, machte Schulden am Spieltisch und kaufte wertvollen Schmuck. Um ihre Untertanen kümmerte sie sich nicht. Deren Liebe schlug bald in Hass um. Ihre Mutter schrieb ihr voller dunkler Vorahnungen mahnende Briefe.

Marie Antoinette

Schließlich brachte Antoinette doch noch vier Kinder zur Welt und gab ihren kostspieligen Lebenswandel auf. Doch da war es schon zu spät. Die Unbeliebtheit der Königin war einer der Gründe, der zur Revolution führte und das Königspaar schließlich das Leben kostete. Nur eine Tochter überlebte.

Die Kindskammern

»Ich zeige dir, wie wir leben!« Marie Christine weist zu den Fenstern der Kindskammern im Zwischenstock über der Herrschaftsetage: »Schau, da oben sind die Fenster meiner Wohnung. Bis zum fünften Lebensjahr hat jedes von uns Kindern drei Räume für sich und die Kinderfrauen zur Verfügung. Erst im zwölften Lebensjahr erhalten wir eine größere Wohnung mit zwei Vorzimmern, einem Besuchszimmer und unseren beiden ganz privaten Räumen, dem Wohn- und dem Schlafzimmer. Wir sind immer von vielen Menschen umgeben. Schon gleich nach der Geburt bekommt jedes Kind eine adelige Aja (Erzieherin), die für alles verantwortlich ist, die Erziehung und das Personal. Dieses besteht aus einer Kammerfrau, zwei bis drei Kammerdienerinnen und einem Kammermensch (Putzfrau). Dann gibt es noch die Kammerheizer und Kammertürhüter, die uns zugeteilt werden. Die Buben kommen ab dem fünften Lebensjahr in männliche Obhut, man weist ihnen einen adeligen Ajo und männliches Personal zu. Mit zwölf Jahren hatte ich schon einen Hofstaat von 16 Personen. Joseph jedoch hatte mit 15 Jahren schon 30 Personen um sich, aber schließlich ist er ja auch der Kronprinz!«

Bei dem Raumbedarf ist dir jetzt klar, weshalb ein ganzes Zwischengeschoß für die kaiserlichen Kinder nötig war. »Kannst du mir ein Schlafzimmer zeigen?«, bittest du.

Marie Christine führt dich über eine Hintertreppe hinauf und in einen der Räume hinein. Auf dem Bett liegen zwei riesige Polster übereinander: »Wir schlafen sitzend. Auf die Art sind wir schneller wach, wenn sich der Tod in der Nacht anschleicht, und können noch rechtzeitig nach den Sterbesakramenten verlangen! Das wichtigste Möbelstück in jedem Schlafzimmer ist der Betstuhl, wo wir schon nach dem Aufstehen unsere Gedanken an Gott richten. Wir müssen jeden

Dienstag beichten. Der Jüngste zuerst, dann der Reihe nach hinauf bis zu Marianne. Und ein Mal im Monat empfangen wir die Kommunion.«

»Bei der ständigen Aufsicht werdet ihr nicht viel Gelegenheit zur Sünde haben«, wirfst du ein.

Marie Christine aber sagt: »Neid, Klatschsucht, Unmäßigkeit, Eitelkeit, oh ja, da gibt es eine ganze Menge! Wir sind ja keine Engel, und Maman ist oft genug unzufrieden mit uns.«

Die strenge Erziehung

Prinzessin Joey erzählt weiter: »Maman ist sehr streng, was unsere Erziehung betrifft. Sie schreibt den Ajas und Ajos seitenlange Briefe mit genauen Anweisungen zu allem, was wir tun oder nicht tun dürfen. Niemand darf mit uns in der Kindersprache sprechen. Wir dürfen keine Grimassen schneiden und selbstverständlich keine rohen oder gemeinen Spiele spielen. Mit Karten dürfen wir spielen, Freunde aus adeligen Familien dürfen wir ebenfalls empfangen oder unsere Geschwister besuchen. Mit dem Personal und dessen Kindern hingegen ist jeder private Kontakt verboten. Geschenke dürfen wir nur mit Erlaubnis unserer Mutter annehmen, Naschereien aber auf gar keinen Fall. Maman hat für uns ganz genaue Essregeln festgelegt. Was auf den Tisch kommt, wird gegessen! Egal, ob es uns schmeckt oder nicht. Bemerkungen über das Essen sind uns auch nicht erlaubt. Süßes gibt es nur selten und wenig. Jeden Freitag, Samstag und an allen Fasttagen müssen wir Fisch essen, obwohl wir ihn alle nicht mögen. Sozusagen zum Trost dürfen wir an diesen Tagen aber Milchkaffee oder Milchtee von Mamans Frühstück holen lassen. Ansonsten gibt es Suppe zum Frühstück. Und abends gibt es wieder Suppe, die mir schon zum Hals heraushängt.«

Sobald die Kinder alt genug waren, aßen sie selbstverständlich an der Hoftafel mit. Es wurde von Gold- und Silbertellern und mit ebensolchem Besteck gespeist. Gold wurde zu Mittag verwendet, da Gold die Farbe der Sonne ist, während die Tafel abends mit Silber gedeckt war, der Farbe des Mondes. Nur Suppen und Desserts wurden auf Porzellan serviert. Da im Laufe der Kriege, die Maria Theresia aufgezwungen wurden, möglichst viel des Edelmetalls zur Beschaffung der nötigen Geldmittel eingeschmolzen wurde, blieb nur wenig vom goldenen Geschirr erhalten. Porzellan trat an seine Stelle. Das goldene Kaffeeservice Maria Theresias ist jedoch noch heute in der Kunstkammer zu sehen.

Körper- und Haarpflege

Marie Christine erzählt, dass ihre Mutter auf Reinlichkeit besteht und an die Ajas schrieb: »Die Sauberkeit ist genau zu beobachten, sowohl im Waschen als Kämmen, welches alle Tage geschehen soll.«

Du fragst: »Da badet ihr vermutlich jeden Tag?«

Die Prinzessin lacht: »Wie kommst du nur auf so eine Idee! Wasser kann in die Haut eindringen und Krankheiten verursachen, heißes Wasser schwächt die Organe! Weißt du das denn nicht?«

Du bist sehr erstaunt, denn du kannst dir beim besten Willen nicht vorstellen, wie man ohne Wasser sauber werden kann.

Marie Christine sagt: »Wir reiben uns das Gesicht mit einem weißen Tuch ab. Vor und nach dem Essen wird uns Wasser über die Hände gegossen, und ein Mal die Woche ist großer Waschtag, da werden uns die Füße gewaschen. Ganz selten und nur vor großen Anlässen nehmen wir ein Bad in einem Holzzuber, natürlich mit einem Badehemd bekleidet.« Marie Christine kratzt sich mit einem Stab unter der Perücke.

»Diese ekligen Flöhe! Aber wenigstens gibt es die Flohkratzer!« Sie zeigt dir den Stab. Er ist aus Holz mit einer kleinen Hand aus Elfenbein daran, dann kratzt sie sich damit den Rücken.

Als sie kurz ihre Röcke hebt, siehst du kleine Holzdöschen, die an die Reifröcke angebunden sind.

Eine Flohfalle, unter den Kleidern getragen, verhinderte Flohbisse

»Das sind Flohfallen«, sagt sie. »Döschen aus Holz mit einem gelöcherten Deckel. Darin liegt ein blutgetränktes Stück Stoff, das die Flöhe anlockt. Abends wird der Fetzen voller Flöhe verbrannt. Das nennt man einen Sack Flöhe!«

Das waren ja schreckliche Zustände damals! Kein Wasser, dafür Flöhe, und – du kannst die Prinzessin gut riechen. Sie übertönt ihren Körpergeruch nämlich mit Parfüm in Puderform.

Marie Christine erzählt weiter: »Wichtig ist die richtige Zahnpflege. Dienstags und freitags um halb acht Uhr früh kommt der Zahnarzt, um uns die Zähne zu reinigen. Zuerst dem Joseph und dann den anderen der Reihe nach. An allen anderen Tagen reiben wir uns die Zähne selbst mit Zahnpulver ab und verwenden Zimtwasser für einen guten Atem. Papa besitzt sogar eine goldene Zahnbürste, die an einem Ende Borsten und am anderen ein Ohrlöffelchen hat, was sehr praktisch ist.«

Das goldene »Nachtzeug« des Kaisers mit der Zahnbürste ist übrigens erhalten geblieben, du kannst es in der Kunstkammer sehen. Solch wertvolle Waschgarnituren aus Gold waren nicht allgemein üblich am Hof, normalerweise bestanden sie aus Porzellan. Toiletten gab es erst seit dem Ende des 19. Jahrhunderts, bis dahin wurden bei Bedarf Leibstühle in die Zimmer gebracht und nach Verwendung vom Kammermensch entleert und gereinigt.

Je höher die Dame, desto höher war die Frisur

Die Prinzessin trägt nicht immer eine Perücke: »Perücken kommen langsam aus der Mode. Für den Alltag wird das Haar nach dem Frisieren mit Puder, Reis-, Weizen- oder Bohnenmehl mithilfe eines eigenen Blasebalgs oder mit dem Puderbüschel bestäubt, einer aus Seide oder Garn zusammengedrehten Quaste. Der Puder ist übrigens sehr praktisch, denn er hält die Haare immer schön sauber. Für eine Festfrisur werden die Haare mit Rindertalg oder Schweineschmalz geglättet, mit einem Brenneisen zu Locken geformt und aufgesteckt, dann wird alles mit Puder bestäubt. Danach wird noch der Haarschmuck angebracht, und der kann recht aufwendig sein. Du wirst es nicht glauben, das kann sogar ein ganzer Vogelkäfig mit ausgestopften Vögeln und Glöckchen sein, die bei jeder Bewegung bimmeln. Oder ein Segelschiff, das man auf dem Kopf ausbalancieren muss! Solche Aufbauten sind so schwer, dass einem Nacken und Kopf bald wehtun. Zum Glück gibt es Chaiselongues (Sofas), die an einem Ende eine höhere Rückenlehne haben, sodass man den Kopf dort abstützen kann.

Wie gut haben es dagegen die Buben und Männer! Sie tragen die Haare lang, einfach mit einer Schleife im Nacken zusammengehalten oder zu einem Zopf geflochten, und ebenfalls gepudert.«

Schminke und Kleidung

Wenn du alte Gemälde ansiehst, so fällt dir sicher auf, dass alle hochgestellten Personen offenbar stark geschminkt waren, sogar die Kinder.

»Ja«, sagt Marie Christine, »wir müssen bei fremden Besuchern und beim Adel einen möglichst guten Eindruck machen, unsere Gesichter sollen makellos aussehen. Das ist besonders wichtig, wenn man die Pocken glücklich überlebt hat, die Haut aber narbig geworden ist, was man natürlich verbergen muss. Eine glatt gestrichene, weiße, fleckenlose Haut erzielt man mit einem weißen Puder aus (giftigem) Bleiweiß, das mit einem Pudermesser über das ganze Gesicht verteilt wird. Darüber kommt Rouge auf Wangen und Lippen. Auf kleine Flecken oder Pickel klebt man einfach Schönheitspflästerchen, die Mouches [Fliegen], die es in verschiedenen Formen gibt: Herzen, Sterne oder Mondsicheln.«

Marie Christine zeigt dir ihre Kleider und erzählt, wie anstrengend und langwierig das Ankleiden ist: »Am schlimmsten ist das Schnüren! Wie ich das hasse, wenn mir die Kammerfrauen einen solchen mit Fischbein verstärkten Schnürleib anlegen und zu zweit festzurren, bis mir die Luft fast ausgeht. Dann ziehen sie mir ein Hemd und die Strümpfe an. Darüber kommt die Panier [Korb]. Schau her, das ist ein Gestell, das von der Hüfte bis zum Knie reicht und den Reifröcken ihre Form gibt.«

Du drehst die Kleidungsstücke hin und her. Das alles sieht nicht sehr bequem aus. Und dass es noch keine Unterhosen gibt, überrascht dich sehr.

Die Prinzessin hält dir ein Kleid hin: »Das hier kommt über dieses ganze Unterzeug. Der Spitzenbesatz des Hemdes am Ausschnitt und an den Ärmeln wird dabei herausgezogen, sodass man ihn sieht. Er muss immer makellos weiß sein, und

Solche Schuhe trug man am Hof Maria Theresias

oft genug wechsle ich das Hemd deshalb mehrmals am Tag. Über das Ganze kommt noch ein Mantelkleid, das farblich genau passen muss.« Marie Christine legt die Sachen weg, da fällt ihr ein: »Fast hätte ich jetzt auf den Schmuck vergessen, der kommt noch ganz zum Schluss.« Sie hat auch auf die Schuhe vergessen. »Ach ja, unser Schuhwerk, das ist natürlich aus Samt oder Seide. Maman bekommt jeden zweiten oder dritten Tag ein neues Paar! Die gebrauchten Schuhe schenkt sie den Hofdamen, die sie dann je nach Bedarf weiter oder enger machen. Die Absätze sind aus Holz oder aus mehrfach zusammengeleimtem Leder. Für den Winter oder bei Regenwetter gibt es Kotschuhe, das sind Holzpantoffeln, die einen eigenen Ausschnitt für die Absätze haben und mit Lederriemen befestigt werden, damit man sie nicht verliert.«

»Und wie sind die Buben gekleidet?«, fragst du. »Brauchen die auch so lange zum Anziehen?«

»Nein, die sind viel schneller fertig. Wie ich sie beneide! Sie tragen ein Hemd mit Spitzenbesatz, so wie wir Mädchen, darüber eine Weste und eine Jacke, die man ›Justaucorps‹ nennt, weil sie so eng am Körper anliegen. Die Beine stecken in Strümpfen und Kniebundhosen. Ihre Schuhe sind mit seidenen Schleifen und Schnallen geschmückt. Nur der Kaiser und die Erzherzöge dürfen Schuhe mit roten Absätzen tragen, allen anderen Männern ist das verboten.«

Das kommt dir sehr eigenartig vor.

Kinderspielzeug

Marie Christine zeigt dir noch Antonias Zimmer. Da liegt einiges Spielzeug herum, die Kammerfrau ist gerade dabei, Ordnung zu machen. Hier gibt es Puppenmöbel, die genauso aussehen wie die Möbel der Erwachsenen. Du siehst zwei Stoffpuppen und einen kleinen Hund auf Rädern, den man an einer Schnur hinter sich herziehen kann. Die nackte Badepuppe aus Keramik kann man sogar baden.

»Die Buben bekommen Steckenpferde und Spielzeugwaffen«, sagt Marie Christine.

Kronprinz Joseph

Der spätere Kaiser Joseph II. war bei seinen Geschwistern unbeliebt

Da sind plötzlich Schritte zu hören, und die Prinzessin wird ganz blass. »Sei leise, das ist mein Bruder Joseph, ich möchte ihm jetzt nicht begegnen, denn ich kann ihn nicht leiden.«

Ihr schleicht euch ganz leise hinaus aus dem Raum nach hinten in den Heizgang, von wo aus die Öfen in den Zimmern beheizt werden, und dann zu einer kleinen Treppe, über die ihr nach unten und ins Freie gelangt.

»Uff, nochmal gut gegangen!«, seufzt Marie Christine erleichtert.

Bis zu Marie Christines Geburt war Joseph (1741–1790, Kaiser Joseph II.) Maria Theresias Liebling. Die Prinzessin erzählt: »Da er von allen hofiert und verwöhnt wird, hat sich

Joseph zu einem richtigen Ekelpaket entwickelt. Er hält sich für den Nabel der Welt, nur weil er eines Tages Kaiser sein wird! Sobald er sprechen konnte, war sein Lieblingssatz: ›I mog net.‹ Das sagte er so oft, dass er den Spitznamen »Erzherzog Imognet« bekam. Er ist so starrköpfig, dass er sich lieber einsperren lässt und ohne Essen bleibt, als um Verzeihung zu bitten, wenn er sich schlecht benommen hat. Joseph hat ein sehr heftiges Temperament und macht sich, genau wie unser Bruder Leopold, ein Vergnügen daraus, andere Menschen zu demütigen. Maman macht sich deshalb große Sorgen, denn das ist eines zukünftigen Kaisers nicht würdig.«

Du bittest die Prinzessin, dir ein Beispiel dafür zu erzählen.

Die Geschichte von Josephs Hut

Maria Theresia hatte den Grafen Karl Batthyány zu Josephs Erzieher bestimmt, der ein sehr fähiger Mann war. Nach einem gemeinsamen Spaziergang betraten der Graf und sein Zögling Joseph wieder dessen Räume, wo der Prinz seinen Hut einfach auf den Fußboden warf. Sein Page sprang herbei, hob ihn auf und legte ihn auf den Tisch.

Der Graf mahnte Joseph mit sanfter, aber ernster Stimme: »Ich bemerkte, wie schon oft, mit Unwillen, dass Sie Ihren Hut, statt ihn anständig auf einen Tisch oder Stuhl zu legen, auf den Boden werfen, worauf ein Page oder Kammerdiener denselben aufheben und an seinen Ort bringen muss. Das ist Ihrer nicht würdig. Sie sind von der Vorsehung zu einer hohen Stellung berufen. Wie werden Sie dereinst Ihre Pflichten erfüllen können, wie werden Sie mit glücklichem Erfolge die ganzen Völker der Untertanen regieren können, wenn Sie sich nicht frühzeitig bemühen, all die kleinlichen Leidenschaften zu beherrschen, die eines Fürsten unwürdig und am meisten schädlich sind? Ich meine damit Ihren Stolz und die Verachtung gegen solche Leute, die geringer sind als Sie. Es ist zu bedauern, dass es Ihnen schmeichelt, Dienstleistungen, wie die des Hutaufhebens, herauszufordern, um dadurch Ihren Untergebenen die Abhängigkeit von Ihrer hohen Person fühlbar zu machen. Glauben Sie mir, dass es nur um Ihrer selbst willen geschieht, wenn ich Sie eindringlich ersuche, dies künftig zu unterlassen.«

Joseph war damals zwölf Jahre alt und hatte bereits gelernt, seine lebhafte Natur zu verbergen und sich den Anschein von Gleichgültigkeit zu geben, er war aber durch Tadel in seiner Eitelkeit gekränkt. Er blickte nur zu Boden und murmelte einige unverständliche Worte.

Einige Tage später warf Joseph nach einem Spaziergang seinen Hut wieder auf den Boden. Der Page eilte herbei, aber ein strenger Wink des Grafen ließ ihn den Raum verlassen.

»Mein Prinz«, sagte der Graf ganz ruhig, »Sie scheinen mich letzthin nicht verstanden zu haben.« Er zog seine Taschenuhr heraus und legte sie auf den Tisch. »Ich gebe Ihnen eine Viertelstunde, damit Sie überlegen, ob Sie diesmal Ihr Hütchen selbst aufheben möchten. Ansonsten werden wir sehen, was geschieht.« Nach diesen Worten griff er nach einem Buch und las mit gelassener Miene darin.

Das erzherzögliche Hütlein

Joseph war verblüfft. Was sollte er tun? Nachgeben? Nimmermehr! In größter Verwirrung nagte er an seinen Fingern und starrte trotzig auf den Hut am Boden, dann richtete er sich stolz auf und murmelte: »Wir werden es aufs Äußerste ankommen lassen.«

Der Graf tat, als bemerke und höre er nichts, betrachtete bisweilen die Uhr, und als die festgesetzte Viertelstunde verstrichen war, legte er das Buch hin und ging zur Klingel. Da sprang Joseph schnell zum Hut, hob ihn auf und legte ihn auf den Tisch.

»Ich war soeben im Begriffe«, sagte der Graf, »Ihre ganze Dienerschaft hereinkommen zu lassen und derselben in Ihrer Gegenwart aufs Strengste zu verbieten, den Hut künftig vom Boden aufzuheben. Es gereicht mir aber zur größten Freude und Genugtuung, dass mir dieser, Sie so tief beschämende Schritt erspart worden ist. Seien Sie wieder mein lieber Zögling, und bedenken Sie, dass es nur die traurigen Folgen des Stolzes sind, welche so viele Menschen ins Verderben reißen und vor denen ich Sie bewahrt wissen will.«

Als Joseph viele Jahre danach schon Kaiser war, beriet er sich mit dem Grafen über eine Reise nach Ungarn. Er bat ihn in sein Zimmer und zeigte ihm einen Hut, der unter einem Glassturz auf einem Schrank stand. »Erinnern Sie sich an diesen Hut?«

»Es scheint ein Kinderhut zu sein, wie Ihr einst einen getragen habt«, antwortete der Graf.

»Ja«, sagte der Kaiser. »Es ist derjenige, den Sie mich vor vielen Jahren gezwungen haben, vom Boden aufzuheben. Ich habe ihn behalten und oft betrachtet, was mir sehr von Nutzen war. Ohne Ihre Lektion wäre ich wohl ein stolzer, übermütiger Fürst für mein Land und meine Untertanen geworden. Aber nun hoffe und glaube ich, dass diese mit mir zufrieden sind. Ich danke Ihnen für Ihren Mut und Ihre Entschlossenheit, mit der Sie mir damals entgegentraten.«

Joseph II. erhielt 1765 nach dem Tod seines Vaters die Kaiserwürde, und seine Mutter machte ihn zu ihrem Mitregenten. Die beiden hatten sehr unterschiedliche politische Ansichten, was sehr oft in Streit ausartete. Das ging so weit, dass sie nicht einmal mehr miteinander speisten.

Nach dem Tod seiner Mutter hatte Joseph freie Hand, er räumte gleich einmal mit der »Weiberwirtschaft« am Hof auf und schickte alle seine Schwestern weit weg. Dann machte er sich daran, seine gut gemeinten, aber in manchen Punkten verfrühten Reformen rücksichtslos zu verwirklichen, womit er sich viele Feinde machte.

Seine erste Frau und große Liebe, Isabella von Parma, starb an den Pocken. Die zweite Ehefrau, Maria Josepha von Bayern, mochte er von Anfang an nicht und ließ sowohl in der Hofburg als auch in Schönbrunn sogar die Verbindungstüren zwischen seinen und ihren Räumen zumauern. Auch Josepha starb an den Pocken. Maria Theresia steckte sich an ihrem Sterbebett mit der Krankheit an und schwebte lange zwischen Tod und Leben. Danach war ihre Haut von Narben gezeichnet.

Unterricht und Sport

Du hast nun schon vieles über das Leben der Kaiserkinder erfahren, über ihren Unterricht weißt du jedoch noch nichts. Ihr befindet euch nun wieder im Park und setzt euch auf eine Bank.

Die Prinzessin erzählt: »Mein älterer Bruder Joseph, der zukünftige Kaiser, hat es nicht leicht. Er wird zwar von hervorragenden Lehrern alleine unterrichtet, sein Stundenplan ist aber so vollgestopft, dass ich auf keinen Fall mit ihm tauschen möchte. Er muss schon vor sieben Uhr aufstehen und ist bis halb zehn Uhr abends mit seinen Fächern, zu denen natürlich auch die körperliche Ertüchtigung gehört, beschäftigt! Wir Mädchen dürfen morgens bis halb acht Uhr schlafen, denn wir werden in erster Linie auf unsere zukünftige Rolle als fügsame Ehefrauen vorbereitet. Daher werden uns auch nur die nötigsten Grundkenntnisse in den Fächern Politik, Geschichte und Naturwissenschaften vermittelt. Der Sprachunterricht – vor allem Französisch und Italienisch – ist hingegen sehr wichtig, denn bei Hof und in feiner Gesellschaft wird nur französisch gesprochen. Diese Sprache beherrschen auch alle hochrangigen ausländischen Besucher. Es ist meine Lieblingssprache, die ich schon mit fünf Jahren fließend gesprochen habe, natürlich auch mit meiner Mutter, die ich deshalb Maman nenne.

Joseph hingegen hat wenig Talent dafür. Er muss aber zusätzlich noch viele andere Sprachen lernen, wie Latein, Ungarisch und Tschechisch, damit er sich mit all seinen Untertanen unterhalten kann. Das wird von uns Mädchen zum Glück nicht verlangt, dafür legt man Wert auf unsere künstlerische Ausbildung, Musizieren, Tanzen, Malen und feine Handarbeiten. Und natürlich auf eine schöne, leserliche Schrift, wie sie zu einer Prinzessin passt.«

Kaiserin Elisabeth im Damensattel

»Aber Prüfungen und Schularbeiten habt ihr wenigstens keine«, meinst du.

»Doch«, antwortet Marie Christine, »sogar vier Mal im Jahr, denn wir müssen doch Maman unsere Lernfortschritte beweisen. Fast hätte ich vergessen, wir bekommen auch Reitunterricht. Natürlich reiten wir Mädchen im Damensattel, das ist züchtig und sieht besonders elegant aus. Die Beine auseinanderzuspreizen ist nur Männern erlaubt.«

»Erklärst du mir bitte, wie man im Damensattel reitet?«

»Man stellt das linke Bein in den Steigbügel und schlägt das rechte Bein zwischen die beiden Hörner des Sattelknaufs (das rechte ist bei modernen Damensätteln übrigens nicht mehr vorhanden) nach links. Man sitzt auf diese Art im Schrägsitz, die Schultern fast parallel zu denen des Pferdes, und das ist gar nicht so einfach. Früher saß ich immer zu weit nach rechts, sodass mein Schwerpunkt nicht mehr in der Mitte lag und ich öfter das Gleichgewicht verlor – und plumps. Aber seit Neuestem gibt es Damensättel mit einem dritten Horn. Es ist auf der linken Seite, man schiebt den linken Oberschenkel darunter, kann die Beine gegeneinander pressen und findet besseren Halt. Jetzt kann ich auf der Jagd sogar über Hindernisse springen.« Marie Christine steht auf und nimmt dich an der Hand. »Komm mit, ich zeige dir unsere Reitschule!«

Während ihr auf dem Weg dorthin seid, dreht sich plötzlich wieder einmal alles um dich, und schon seid ihr wieder in unserer Zeit angelangt. Statt der schönen Kleider habt ihr eure bequemen Sachen an, und aus Marie Christine ist wieder ein Bub geworden.

In der Wagenburg – Fortbewegung am Kaiserhof

Joey geht mit dir zur ehemaligen Winterreitschule, in der heute die Wagenburg untergebracht ist, die dich sicher besonders interessieren wird. Im Jahr 1922 wurden Wagen, Schlitten, Tragsessel, Sänften, Zug- und Reitgeschirr, Schabracken und Gemälde vom Hofstallgebäude (heute MuseumsQuartier) hierher gebracht. Die 100 Fahrzeuge des Kaiserhofes sind nur der Rest der alten Bestände, über 500 Wagen wurden damals verkauft. Ungefähr 70 weitere Kutschen der Sammlung stammen aus dem Besitz des Adels. Mit insgesamt 170 Fahrzeugen, von der Karosse der Barockzeit bis zum Automobil, ist die Wagenburg der bedeutendste historische Fuhrpark

Europas. Auch Ausstellungsstücke des Monturdepots sind zu sehen, alte Kleider und Uniformen, viele stammen aus der Livree-Garderobe des Wiener Hofes, etliche wurden auch eigens für die Sammlung angekauft.

Joey sagt: »Hier könnte man gleich einen ganzen Tag verbringen, um alles genau anzuschauen. Ich glaube, am besten zeige ich dir einfach die schönsten Stücke aus der Barockzeit und den Sisi-Pfad.«

»Sisi?«

»Ja, du wirst gleich sehen, hier kann man auf Sisis (Kaiserin Elisabeths) Spuren wandeln! Wenn wir wieder einmal in die Hofburg kommen, zeige ich dir auch das Sisi-Museum (siehe Sisi-Tour).«

Der Sisi-Pfad

»Schau, da ist die Schleppe von ihrem Hochzeitskleid! Bei ihrer Hochzeit am 24. April 1854 trug sie ein weißes Seidenkleid mit reicher Stickerei in Gold und Silber. Diese Schleppe wurde über dem Kleid fixiert.«

Du stellst dir vor, wie schwer sie damit vorwärts kam, und kannst gut verstehen, weshalb sie bei ihrer Hochzeit so schrecklich müde war. »Gibt es hier vielleicht auch die gläserne Kutsche, in der sie in Wien eingezogen ist?«, willst du wissen.

Joey zeigt auf den Wagen hinter der Schleppe, bei dem außer den Fenstern gar nichts aus Glas ist.

Du bist etwas enttäuscht.

»Sisi war die dritte Kaiserbraut, die in dieser Kutsche in Wien eingezogen ist. Der Wagen wurde übrigens gar nicht für einen solchen Zweck gebaut, sondern 1805 für Napoleons Krönung in Mailand zum König von Italien. Er war ursprünglich ganz vergoldet und mit den Symbolen Napoleons verziert.

Für den Gebrauch am österreichischen Hof wurde dann sein Aussehen stark verändert.« Nun zeigt dir Joey zwei Kutschen der Kaiserin Elisabeth, die ebenfalls ausgestellt sind, und das prachtvolle schwarze Kleid mit meterlanger Schleppe, das um 1885 für sie entworfen wurde. »Hier kannst du sehen, welch schmale Taille Elisabeth hatte, ganze 52 bis 54 Zentimeter! Da können selbst die dürren Supermodels von heute nicht mithalten«, lacht Joey.

Auch ein Dreihorn-Sattel der Kaiserin ist ausgestellt, sie galt als die beste Reiterin ihrer Zeit.

»Das ist ja cool! Und dort ist noch ein Kleid!«, rufst du hellauf begeistert.

»Ja, und auch eine Uniform des Kaisers ist da, da kannst du dir gut vorstellen, wie die beiden ausgesehen haben. Aber komm jetzt weiter, ich will dir die Kutschen zeigen, die für ihre Krönung in Ungarn und für ihr Begräbnis verwendet worden sind.«

Joey führt dich ganz nach hinten, wo ein riesiger Wagen steht, mitsamt Pferden und Lakaien.

»Wau, ist der aber groß! Und hoch! Wie ein kleines Schloss auf Rädern! Da kann man drinnen ja aufrecht stehen!«

Joey erklärt, dass dieser Imperialwagen nur vom Kaiser, der Kaiserin und dem Kronprinzen verwendet wurde, und das nur bei den allerwichtigsten Anlässen wie Krönungen und Erbhuldigungen.

»Die vier Tonnen schwere Kutsche wurde für Kaiser Karl VI. um 1735/40 angefertigt. Die acht Fensterscheiben sind aus venezianischem Glas. Die Malereien auf den Kastenfeldern stammen von Franz Xaver Wagenschön. Sie zeigen die Herrschertugenden und beziehen sich vermutlich auf Maria Theresia, Karls Tochter. Innen ist der Wagen ganz mit rotem Samt und roter Seide ausgeschlagen, verziert mit aufwendigen Stickereien. Er war mit sechs, ab 1851 mit acht

Schimmeln im Galageschirr und mit einem Kopfputz aus Straußenfedern bespannt. Die Pferde kamen aus dem Hofgestüt Kladrub.«

»Ich habe gehört, dass Elisabeth und Franz Joseph den Wagen bei der Krönung in Budapest verwendet haben. Wie ist er denn nur dorthin gekommen?«

»Mit dem Schiff, und zwar in zerlegtem Zustand. Um zum Bestimmungsort zu gelangen, musste er das letzte Stück gefahren werden. Dafür verwendete man Ersatzräder. Die goldenen Räder setzte man erst vor dem großen Auftritt wieder an. Gelenkt wurde der Wagen von zwei Kutschern. Einer saß auf dem Vorauspferd und einer hinten auf dem Stangenpferd. Der Wagen hatte keine Bremsen, die Lakaien mussten bei Bedarf in seine Speichen greifen, um ihn zum Stehen zu bringen.«

»Okay«, stellst du fest, »er ist wunderschön, aber äußerst unpraktisch.«

Joey zeigt dir noch weitere Kutschen aus der Barockzeit, darunter den Prinzengalawagen und den Trauer-Huldigungswagen. Dessen Wagenkasten stammt aus derselben Zeit wie der Imperialwagen, das Gestell ist hingegen etwas älter.

»Diese Karosse war ursprünglich genauso vergoldet und mit Malereien verziert wie der Imperialwagen, du siehst das auf dem großen Bild. Um 1820 hat man sie jedoch als Hoftrauer-Galawagen adaptiert und zur Gänze, auch die Malereien, schwarz übermalt und sie innen schwarz ausgestattet. Die übermalten Bilder hat man übrigens erst um 1930 wieder entdeckt.«

Du möchtest gerne wissen, wozu man diesen Wagen verwendete: »Etwa für hochgestellte Trauergäste bei einem Fürstenbegräbnis?«

»Nein«, erwidert Joey, »die Trauergäste gingen zu Fuß. Diesen Wagen verwendete man statt dem Imperialwagen bei

Der Imperialwagen wurde bei Krönungen verwendet

Krönungen und anderen großen Festlichkeiten, wenn der Hof zu der Zeit in Trauer war, und das war sehr oft der Fall.«

Dann zeigt dir Joey einige Gefährte, die für die Unterhaltungen des Hofes angefertigt worden sind: den goldenen Karussell-Wagen und zwei vergoldete Schlitten. »Am Damen-Karussell in der Winterreitschule der Hofburg im Jahre 1743 waren acht solche Wagen beteiligt, gelenkt von je einem Kavalier, während die Dame vor ihm ihre Geschicklichkeit beim Schießen beweisen musste. Die kleine Streitmacht wurde von Maria Theresias Schwester Maria Anna angeführt. Die zweite »Frauschaft« bestand aus acht Damen hoch zu Ross, angeführt von Maria Theresia selbst.« Joey fährt fort: »Ich habe dir schon erzählt (siehe Band 1)«, sagt Joey, »dass Schlittenfahrten seinerzeit sehr beliebt waren, auch bei Hof. Man fuhr nicht nur von der Hofburg zum Neuen Markt und dort einige Male im Kreis herum, sondern auch von der Hofburg nach Schönbrunn und zurück, wenn das Wetter dafür passte. Jeder Schlitten wurde von nur einem Pferd gezogen und bot Platz für zwei Personen, der Herr saß auf dem unbequemen Brett hinter der Dame im muschelförmigen Kasten und führte die Zügel. Die Pferde trugen Glöckchen am Kopf und auf der Schabracke (Satteldecke), sodass die Fahrt von fröhlichem Geläute begleitet war.«

Joey zeigt dir nun Maultiersänften, die besonders bei der hohen Geistlichkeit oder bei schwangeren Frauen beliebt waren.

»In dieser Gala-Maultiersänfte haben zwei Personen Platz. Sie entstand um 1700, ist mit rotem Leder bezogen und mit 11.000 vergoldeten Nägeln verziert. Mit ihr wurde der Erzherzogshut zur Erbhuldigung von Klosterneuburg nach Wien gebracht, wenn ein neuer Landesfürst die Regierung antrat. Sie wurde von zwei Maultieren getragen.«

In Österreich ob und unter der Enns gab es keine Krönung, sondern eine Erbhuldigung, bei der der Erzherzogshut nicht getragen wurde, sondern nur sichtbar auf einem Tisch lag.

Die Kinderkutschen findest du sicher besonders hübsch, vor allem die Kutsche des Herzogs von Reichstadt, Napoleons Sohn. Das kleine Meisterwerk ist in dunkel- und hellblau

Die Kutsche des Herzogs von Reichstadt

Erzherzogin Gisela und Kronprinz Rudolf, Kinder Elisabeths, in ihrer Kutsche

gehalten, mit vergoldeten Tafeln versehen und mit 24 Bienen (eigentlich Zikaden, dem Haussymbol der Familie Bonaparte) und 76 Sternen verziert. Am vorderen Wagengestell sitzt ein kleiner Adler. Erinnere dich an deinen Besuch in der Schatzkammer (siehe Band 1), dort hat dir Joey beim Wiegenbett des Prinzen schon erzählt, dass dieser von den Franzosen l'Aiglon (der kleine Adler) genannt wurde. Der Wagen wiegt 60 Kilo, er wurde von zwei abgerichteten Merinoschafen durch den Park von Schönbrunn gezogen. Daneben stehen noch weitere kleine Wagen, die den Kindern von Elisabeth und Franz Joseph gehörten. Sie wurden von Ponys, Eseln, Ziegen oder Schafen gezogen.

Riesig und beeindruckend steht der schwarze Leichenwagen da, er wurde um 1876/77 für die Leichenzüge regierender Mitglieder des Kaiserhauses gebaut und erstmals 1884 beim Begräbnis der Witwe Kaiser Ferdinands I., Maria Anna, eingesetzt. Danach wurde er für die Begräbnisse von Kronprinz Rudolf (1889), Kaiserin Elisabeth (1898), Kaiser Franz Joseph (1916) und Kaiserin Zita (1989) verwendet. Für deren

Sohn, Dr. Otto Habsburg-Lothringen (2011), hat man nicht mehr den Leichenwagen aus der Wagenburg geholt, sein Sarg wurde auf einem schwarzen Sargwagen zur Kaisergruft gebracht.

»Hast du sein Begräbnis vielleicht im Fernsehen gesehen?«, fragt Joey und entscheidet nach einem prüfenden Blick auf dein müdes Gesicht: »Ich sehe schon, du hast wenig Lust, auch noch die Schauräume zu besuchen. Sie sind der Höhepunkt von Schönbrunn, du musst sie unbedingt sehen!«

Du hast sogar große Lust dazu, aber bitte an einem anderen Tag!

Die Schauräume – Repräsentation und Privatleben

Ein paar Tage später triffst du Joey wieder in Schönbrunn. Ihr wollt die Schauräume sehen, genau wie die anderen 2,8 Millionen Besucher auch, die es alljährlich hierher zieht. Das macht im Schnitt 7700 Gäste pro Tag. Auf den Audio-Guide verzichtet ihr, weil dir Joey alles Wichtige erklären wird.

Die Räume von Franz Joseph und Elisabeth

Über die blaue Stiege geht es hinauf zu den Räumen von Franz Joseph und Elisabeth. Sie sind historisch interessant, man erfährt auch einiges über die Lebensgewohnheiten des Kaiserpaares, besonders schön sind die Räume allerdings nicht. Unter kaiserlichem Luxus hast du dir etwas anderes vorgestellt.

Durch die beiden Vorzimmer (das zweite heißt Billardzimmer, weil ein Billardtisch drinnen steht) kommt ihr in das Nussholzzimmer, das wegen seiner Wandvertäfelung so genannt wird, die aus der Zeit Kaiser Josephs II. stammt. Hier gewährte Kaiser Franz Joseph seinen Generälen, Ministern und Hofbeamten Audienz. Es durften sich aber auch ganz einfache Menschen an ihn wenden.

Sein Schreibzimmer daneben ist ganz schlicht eingerichtet. Hier begann frühmorgens sein Arbeitstag. Sogar die Mahlzeiten wurden ihm auf dem Schreibtisch serviert.

»Schau«, sagt Joey, »da sind einige Bilder von Elisabeth, seiner Frau Sisi, die er sehr verehrt hat. Die kleine Tür dort führt in das Zimmer des Leibkammerdieners Eugen Ketterl, der stets für das Wohl des Kaisers gesorgt hat.«

Im Schlafzimmer sieht man ebenfalls, dass der Kaiser sehr genügsam war. Sein Bett sieht aus wie das eines jeden Offiziers in einer Kaserne.

Joey fährt fort: »Franz Joseph stand schon um vier Uhr in der Früh auf, dann wusch er sich kalt, zog sich mithilfe des Kammerdieners an und verrichtete auf dem Betschemel sein Morgengebet. In diesem Bett ist er übrigens auch gestorben.«

Beim Weitergehen zeigt dir Joey das kaiserliche WC. Es wurde 1899 hinter einer kleinen Pforte eingebaut, die sich zwischen den beiden Teilen einer Doppeltüre befindet. Es ist aus Meißner Porzellan gemacht, und der Sitz ist mit Rehleder bespannt, damit er sich nicht kalt anfühlt. Es gibt sogar eine Lüftung! Oben an der Decke kann man zwei Klappen sehen, die mit dem Stab, der in der Ecke steht, je nach Bedarf geöffnet oder geschlossen werden konnten.

Jetzt geht es weiter zu Sisis Räumen, zuerst zum Lese- und zum Ankleidezimmer.

»Hinter der kleinen Türe dort vorne gab es zu Elisabeths Zeit eine Treppe, über die sie zu ihren ganz privaten Räumen im Erdgeschoß hinuntergehen konnte. Diese waren nach ihrem eigenen Geschmack eingerichtet, die Wände mit veilchenfarbenen Seidentapeten verkleidet. Sie konnte dort unten turnen, es gab sogar ein WC, vor allem aber konnte sie jederzeit direkt und unbeobachtet in den Park hinausgehen«, erzählt Joey.

Ihr geht weiter durch das Schlafzimmer des Kaiserpaares, das nur wenige Jahre lang von diesem gemeinsam benützt wurde, und das Familienspeisezimmer. Der Tisch ist mit Wiener Augarten Porzellan gedeckt, Silberbesteck ist aufgelegt.

»Franz Joseph aß gerne Wiener Schnitzel, Rindsgulasch, Zwiebelrostbraten, Dampfnudeln und Kaiserschmarren«, sagt Joey. »Gefällt es dir hier?«

Na ja, es ist zwar alles sehr interessant, aber weder sehr schön noch sehr gemütlich, genau wie vorher von Joey gesagt.

»Keine Sorge, die wirklich schönen Räume kommen noch, hab Geduld!«

Maria Theresias Kinder

Tatsächlich! Der nächste Raum sieht schon schöner aus. Er heißt Kinderzimmer, weil hier die Bilder von Maria Theresias Töchtern hängen. Wie du schon weißt, wohnten sie aber ganz woanders.

»Schau, da ist Marie Christine!«, ruft Joey. »Du kennst sie ja schon, aber über sich selbst hat sie dir nur wenig erzählt. Das soll sie jetzt nachholen.«

Zauberwesen Joey schnippt mit den Fingern, und sofort steigt Erzherzogin Marie Christine (1742–1798) von ihrem Bild herab und steht nun mitten im Raum.

Marie Christine, die Lieblingstochter

»Hallo, ich freue mich immer über Besucher, ohne sie wäre es hier an der Wand todlangweilig. Du weißt ja schon«, wendet sie sich an dich, »dass ich die Lieblingstochter meiner

Mutter war. Sie nannte mich Mimi oder Mimerl, meine Geschwister aber nannten mich ›die Marie‹. Sie mochten mich nicht besonders und warfen mir vor, mich bei Maman einzuschmeicheln, weil ich ihr manchmal ein wenig bei der Arbeit half. Sie trauten mir zu, ihr alle Geheimnisse aus den Kinderzimmern zu verraten, und schlossen mich aus ihrem Kreis regelrecht aus. So blieb ich oft allein, denn auch Maman hatte meist keine Zeit für mich, und mein Vater zog mir die gelehrte Marianne vor.

Marie Christine, die Lieblingstochter Maria Theresias

Zu meinem 17. Geburtstag schenkte mir Maman ein

Nikolobescherung, Aquarell von Marie Christine

schlichtes, in braunes Leder gebundenes Büchlein und sagte: ›Dieses Geschenk ist kostbarer als jedes Schmuckstück. Du kannst dir darin alle deine Träume und Sehnsüchte, aber auch deine Ängste und deinen Ärger von der Seele schreiben. Es wird deine Geheimnisse gut behüten.‹

Das Buch wurde mein guter Kamerad, mit dem ich mich weniger einsam fühlte.

Ich habe besonderes Talent für Zeichnen und Malen. Also beauftragten meine Eltern den bekannten Maler Jean-Étienne Liotard, mir Unterricht zu geben, als er einige Zeit in Wien verbrachte. Ihr werdet im nächsten Raum Bilder von ihm sehen, alle in zarten Pastellfarben gehalten. Ich habe viel von ihm gelernt, ihr werdet heute noch Werke von mir sehen. Besonders gut ist mir die Nikolobescherung gelungen, die meine Familie darstellt: Papa im Morgenmantel und Maman, die das Frühstück richtet. So ist das aber leider nicht in Wirklichkeit gewesen. Ich habe einfach die Vorlage einer holländischen Familienidylle genommen und die Gesichter durch die meiner Familie ersetzt. So ein heimeliges Familienleben hätte ich wirklich sehr gerne selber gehabt.

Als mein Bruder Joseph die schöne Isabella von Parma heiratete, hatte ich in ihr endlich eine Freundin, aber leider starb sie bald an den Pocken. Zu der Zeit verliebte ich mich in den Sohn der Cousine meiner Mutter, den Prinzen Albert von Sachsen. Mein Vater war gegen diese Ehe, aber ich brachte Maman auf meine Seite. Sie versprach, mich nie gegen meinen Willen zu verheiraten – das haben meine Geschwister nie erreicht. Auf ihre Gefühle hat man keine Rücksicht genommen und sie so verheiratet, wie die Politik dies erforderte.

Als ich nach Vaters Tod den Prinzen Albert dann tatsächlich zum Mann nehmen konnte, begannen sie mich alle richtig zu hassen, auch wegen der großen Aussteuer, die ich bekam.

Dem Prinzen schenkte Maman sogar das Herzogtum Teschen. Wir gingen als Statthalterpaar nach Ungarn, wo wir ein sehr glückliches Leben führten. Nach dem Tod von Maman schob uns Joseph als Statthalterpaar in die Niederlande ab, von wo wir aber wegen der Französischen Revolution flüchten mussten und wieder nach Wien kamen. Wir legten eine große Kunstsammlung an. Leider hatten wir keine Kinder, daher adoptierten wir unseren Neffen Karl, einen Sohn von Leopold.« Erzherzog Karl war später einer der Feldherren im Kampf gegen Napoleon (Denkmal auf Heldenplatz).

Marie Christine verschwindet, und du kannst dich jetzt ihren Schwestern widmen: Da ist die schöne Liesl, die später durch die Pocken schrecklich entstellt wurde; die leichtfertige Amalie, die nach ihrer Vermählung nie mehr nach Wien kommen durfte; die aufrechte Caroline, Königin von Neapel; und die gelehrte Marianne.

Joey zeigt auf ein weiteres Bild und sagt: »Die Dame in Trauerkleidern ist Maria Theresia. Von ihrer Schönheit ist nicht mehr viel zu sehen, aber in ihrer Jugend war sie genauso schön wie ihre Töchter. Caroline ähnelte ihr charakterlich am meisten.«

Gleich daneben siehst du ein hübsches Kabinett und Joey erklärt: »Das ist ein Frühstückszimmer. Maria Theresias Mutter, Elisabeth Christine von Braunschweig-Wolfenbüttel, in ihrer Jugend ebenfalls eine Schönheit, hat die Blumenbouquets in den Medaillons aus seidenen Stoffresten selbst angefertigt. Und hinter der kleinen Tür links siehst du das moderne Badezimmer, das für Kaiserin Zita hier eingebaut wurde, als sie für kurze Zeit Elisabeths Räume bewohnte.«

Zwei Zimmer weiter sieht man noch mehr Bilder von Maria Theresias Kindern, auch von ihren Söhnen. Auf einem davon sind die drei Erzherzöge Joseph, Karl und Leopold gemeinsam dargestellt.

Karl Joseph, der Lieblingssohn

Erzherzog Karl Joseph, der Lieblingssohn Maria Theresias

Karl Joseph (1745–1761) wurde, wie es bei jedem neugeborenen Kaisersohn üblich war, auf dieser Welt mit 101 Kanonenschüssen willkommen geheißen. Joey erzählt: »Karl war ein fröhliches, begabtes, fleißiges und sehr liebenswertes Kind, das fast alle Geschwister gern hatten, sogar die eifersüchtige Marie Christine. Er konnte es nur nicht leiden, wenn man ihm einen Wunsch abschlug, dann wurde er richtig wütend, ja, dann schlug er sogar um sich und brüllte. Als er älter wurde, lernte er sich zu beherrschen. Er hatte von sich selbst eine recht gute Meinung und stellte die Autorität seines älteren Bruders Joseph gern infrage.«

»Kannst du mir etwas darüber erzählen?«, bittest du.

»Ja, sicher«, sagt Joey.

Karls Unarten

Einmal gab es einen heftigen Streit zwischen Karl und Joseph, der damit endete, dass Karl zu seinem Bruder sagte: »Du bildest dir ein, etwas Besseres zu sein, nur weil du der Kronprinz bist! Dabei bist du nicht in Purpur geboren so wie ich. Als du zur Welt kamst, war Papa noch ein einfacher Großherzog der Toskana. Doch als ich zur Welt kam, war er bereits Kaiser!«

Kein Wunder, dass ihn der ewig zynische und pessimistische Joseph nicht leiden konnte.

Als Karl sich an seinem 14. Geburtstag seinen Untergebenen

gegenüber schlecht benommen hatte, sagte Maria Theresia kurzerhand alle Festlichkeiten ab. Karl wurde davon nicht informiert. Da stand er dann in seinem Zimmer, wartete und wartete auf Besucher und Geschenke – aber umsonst. Nichts rührte sich, weder Eltern noch Geschwister, nicht einmal die Mitglieder seines eigenen Hofstaates kamen. Er hatte den ganzen Tag Zeit, in Ruhe darüber nachzudenken, dass sich schlechtes Benehmen nicht lohnt.

Karl erklärte oft, er (statt Joseph) würde einmal die Aufgaben seiner Mutter übernehmen, was natürlich reines Wunschdenken war. Das Schicksal entschied anders über seine Hoffnungen: Er erkrankte und starb im Alter von 16 Jahren an den Pocken, seine Mutter in tiefste Trauer stürzend.

Die weiteren Kinder

Ein weiterer Sohn, Poldl, der spätere Kaiser Leopold II., soll in seiner Kindheit ein rechter Schlingel gewesen sein – dick, faul, verlogen, hinterlistig, mit einem deutlichen Hang zur Dienerschaft. Er war intelligent und entwickelte sich zu einem tüchtigen Staatsmann, der das Großherzogtum Toskana erfolgreich nach den Prinzipien der Aufklärung regierte. Noch heute erinnern zahlreiche Gedenktafeln in der Toskana an ihn. Er folgte Joseph 1790 als Kaiser nach, verstarb bedauerlicherweise aber schon nach zwei Jahren.

Erzherzog Ferdinand schwänzte als Kind immer wieder den Unterricht

Der vierte Sohn war der liebenswerte Ferdinand, der mit der reichen Erbin Maria Beatrix von Modena-Este verheiratet wurde und ein glückliches Familienleben führte.

Der jüngste aber, Erzherzog Maximilian Franz, wurde für den Dienst in der Kirche bestimmt, da er für eine militärische Karriere nicht gesund genug war. Gutmütig fand er sich drein, wurde schließlich Erzbischof von Köln und von Jahr zu Jahr dicker und dicker, sodass er gegen Ende seines Lebens 240 Kilo wog. Ihm haben wir es zu verdanken, dass Beethoven nach Wien kam.

Der Spiegelsaal und die Rosa-Zimmer

Im Spiegelsaal weist dich Joey darauf hin, dass die Spiegel in der weiß-goldenen Vertäfelung so angebracht sind, dass die einander jeweils gegenüberliegenden einander widerspiegeln. »Hast du nicht auch den Eindruck, in einem viel größeren Raum zu stehen? Übrigens war es entweder hier oder im nächsten Zimmer, dem großen Rosa-Zimmer, wo Mozart zum ersten Mal vor der Kaiserin Klavier spielte. Er war damals sechs Jahre alt, gleich alt wie Erzherzog Maximilian.«

Danach, so berichtet Leopold Mozart, »ist Wolferl Ihrer Majestät auf den Schoß gesprungen und hat sie an den Hals bekommen und rechtschaffen abgeküßt«.

Die Rosa-Zimmer sind nach dem Maler Joseph Rosa benannt, der die Landschaftsbilder in diesen Räumen schuf. Möglicherweise befand sich hier im ersten Rosa-Zimmer Maria Theresias offizielles Schlafzimmer (ihre Privaträume lagen im Erdgeschoß), wo sie kurz nach ihren jeweiligen Niederkünften auch zu arbeiten pflegte, verborgen hinter einem Paravent. Hier siehst du ein sehr gutes Porträt ihres Gemahls, Kaiser Franz I. Stephan von Lothringen, der als ausnehmend gut aussehender Mann galt. Er ist umgeben von den Symbolen derjenigen Wissenschaften, die ihm am Herzen lagen.

»Ich habe dir jetzt einen Flügel des Schlosses gezeigt«, sagt Joey.

»Heißt das, es kommen noch einmal so viele Räume? Ehrlich gesagt, es reicht mir schon.«

Joey muntert dich auf: »Halt durch, denn jetzt erst kommen die allerschönsten Räume, du wirst schon sehen!«

Die Festsäle

Ihr kommt nun in die große Galerie, die mit einer Größe von über 43 × 10 Metern recht beeindruckend ist. Joey sagt, dass man hier zur Kaiserzeit Bälle, Empfänge und große Bankette abgehalten hat. »Schau an die Decke, Gregorio Guglielmi hat sie mit Fresken bemalt. In der Mitte thronen Franz Stephan und Maria Theresia auf Wolken, umgeben von ihren Tugenden und den Kronländern. Die über 60 vergoldeten Wandleuchter und die zwei schweren Luster waren ursprünglich mit Kerzen bestückt. Für die Beleuchtung waren eigene Lakaien (Diener) zuständig, die Kerzenanzünder, die einen langen Stock mit einer brennenden Kerze beziehungsweise einer kleinen Schere trugen. Sie mussten die Kerzen damit entzünden, »schnäuzen« (den Docht kürzen) oder abdämpfen, und sie bei Bedarf auswechseln. Waren alle Kerzen abgebrannt, gingen die Gäste in die Kleine Galerie hinüber, bis hier neue Kerzen brannten. Dann konnte der Tanz in der Großen Galerie wieder fortgesetzt werden.

Maria Theresia und eine ihrer Töchter in türkischer Tracht für ein Kostümfest

Joey führt dich gleich in die Kleine Galerie und zeigt

Die Große Galerie

dir, dass an ihren beiden Enden chinesische Kabinette eingerichtet sind: »Alles Chinesische war damals groß in Mode, wie du auch noch in anderen Zimmern sehen wirst. Das eine Kabinett neben den Rosa-Zimmern ist rund, das andere in Richtung Zeremoniensaal oval. Beide dienten der Kaiserin als Konferenz- und Spielzimmer. Karten- und Brettspiele waren sehr beliebt, es ging dabei um sehr hohe Summen. Im runden chinesischen Kabinett empfing sie ihren Staatskanzler Fürst Kaunitz zu geheimen Besprechungen, doppelte Türen schützten auf beiden Seiten vor Lauschern.

Zwischen der einen Doppeltüre gibt es eine Geheimtreppe, sodass der Kanzler und andere Personen unbemerkt vom Hofstaat, den fremden Diplomaten und den Lakaien kommen und gehen konnten. Es gab sogar eine Vorrichtung für ein »Tischlein-deck-dich«: War die Kaiserin hungrig, so erschien ein gedeckter Tisch aus dem Boden, ohne dass ein Lakai eintreten musste. Das war sehr praktisch, findest du nicht?«

Joey hat recht gehabt, diese Räume sind schön und interessant. Du bist auch begeistert von den kunstvoll eingelegten Fußböden in den beiden Kabinetten.

Die Gemächer des Kaisers

Joey erzählt dir, dass die folgenden Räume für den Kaiser bestimmt waren und zu seinen Lebzeiten anders aussahen als heute. Im Zeremoniensaal versammelte sich die kaiserliche Familie oft zu Festen wie Taufen, Namenstagen, Geburtstagen und zu Banketten. Von hier aus gibt es einen Zugang zu den Oratorien (kleine Gebetsräume) der Schlosskapelle, Joey führt dich durch die kleine Türe links hinein: »Hier oben nahmen die allerhöchsten Herrschaften an den Gottesdiensten teil, während der Hofstaat und die Dienerschaft unten saßen.«

Dann erklärt dir Joey die großen Gemälde im Saal. »Diese Bilder zeigen die Feierlichkeiten, die 1760 anlässlich der Heirat des Kronprinzen Joseph mit Isabella von Parma stattfanden. Hier siehst du den Einzug der Braut. Sie sitzt in der blauen Kutsche. Sogar ein schwarzer Mann, damals eine Seltenheit in Wien, ist zu Fuß mit dabei: Angelo Soliman, ein ehemaliger afrikanischer Prinz und Sklave. Und da siehst du die Augustinerkirche, wo das Paar getraut wurde. Dann zwei Schauessen, einmal von Gold- und einmal von Silbergeschirr: Die Ehrenplätze haben allerdings nicht Braut und Bräutigam, sondern Kaiser und Kaiserin! Während die hohen Herrschaften speisten, hatten viele Leute die große Ehre, ihnen dabei zusehen zu dürfen.

Ihr kommt nun am Rösselzimmer mit den hübschen Pferdebildern vorbei, die aus der Zeit der Witwe Kaiser Josephs I. stammen. Hier ist die Marschalltafel für die höchsten Offiziere gedeckt, die zu Franz Josephs Zeiten hier ohne den Kaiser zu speisen pflegten.

Auf dem Bild beim Ausgang siehst du den Redoutensaal in der Hofburg. Es wird gerade eine Serenade aufgeführt. Da sieht man im Publikum auch den kleinen Mozart mit seinem Vater Leopold sitzen.

»Aber die Hochzeit war doch im Jahre 1760?«, fragst du. »Da war Amadeus doch erst vier Jahre alt und noch gar nicht berühmt!«

»Richtig«, antwortet Joey, »die Bilder wurden aber erst viel später fertig, und da hat man dann auch berühmte oder wichtige Leute darauf dargestellt, die bei der Hochzeit überhaupt nicht dabei waren. Dafür hat man andere einfach weggelassen.«

Das große Porträt zeigt Maria Theresia. Neben ihr auf dem Tisch stehen ihre vier Kronen auf einem roten Samtkissen: die Reichskrone (sie selbst wurde nie damit gekrönt, sie war nur die Gemahlin des Kaisers), die böhmische Wenzelskrone, die ungarische Stephanskrone (mit beiden wurde sie gekrönt) sowie der österreichische Erzherzogshut (der keiner Krönung diente). Dieses Bild stammt, wie sehr viele in Schönbrunn, von Martin van Meytens (1695–1770). Er war ein Schwede niederländischer Abstammung und Protestant. Nach intensiven Studien und Tätigkeit in ganz Europa ließ sich der Weltmann 1731 endgültig in Wien nieder, wo er ein Jahr später zum kaiserlichen Kammermaler ernannt wurde. Damit war das Recht verbunden, ein Haus zu kaufen, was sonst nur Katholiken zustand. Er wurde vom Kaiserhaus sehr geschätzt und zum Direktor der Wiener Kunstakademie ernannt. Sein großer Werkstattbetrieb ermöglichte ihm die Massenproduktion und die Darstellung großer Szenen, wie die Hochzeitsbilder in diesem Saal. Er machte den Entwurf und malte die Hauptpartien, während der Rest von seinen Mitarbeitern ausgeführt wurde. Sein feierlicher Malstil galt bereits zu seinen Lebzeiten als überholt.

Die Privaträume des Kaisers beginnen mit dem blauen Chinesischen Salon, an dessen Wänden chinesische Reispapiertapeten (Papier auf Leder) angebracht sind. Die beiden Tische tragen Platten mit Pietra-dura-Einlegearbeiten (Halbedelstein), sie stammen aus dem Besitz der Medici, die in Florenz regiert hatten und deren Nachfolger Franz Stephan war.

In diesem Raum verzichtete der letzte Kaiser, Karl I., am 11. November 1918 auf jeglichen Anteil an den Regierungsgeschäften, er dankte jedoch nicht ab. Am Tag darauf wurde vor dem Parlament die Republik ausgerufen. Der Kaiser wurde wenig später mit seiner Familie, Kaiserin Zita, Kronprinz Otto und den anderen Kindern, nach Madeira ins Exil gebracht, wo er 1922 starb.

Das Arbeitszimmer Franz Stephans wurde nach seinem Tod im Jahre 1765 von Maria Theresia als Gedenkraum eingerichtet, es heißt Vieux-Laque-Zimmer. In die Nussholzvertäfelung wurden schwarze Lacktafeln aus China eingesetzt, Teile eines Wandschirms, den man zu dem Zweck in 138 größere und 84 kleine Tafeln zersägte und mit goldenen Rahmen versah. Die Bilder wurden nach dem Tod Franz Stephans in Auftrag gegeben.

»Du kannst hier gleich vier Kaiser auf einmal sehen!«, sagt Joey. »Franz I. Stephan von Lothringen, Joseph II., Leopold II. und auf dem Schoß seiner Mutter den kleinen Franz II. Naja, richtiger wäre zu sagen, du siehst hier einen verstorbenen, einen damals regierenden und zwei zukünftige Kaiser.«

Ihr geht weiter in den nächsten Raum, und Joey sagt: »Dieses Zimmer hat auch mit einem Kaiser zu tun, aber mit einem fremden, der überhaupt nicht eingeladen war. Es ist das Napoleonzimmer. Napoleon schlief in den Jahren 1805 und 1809 in diesem Raum, als er Wien besetzt hatte. 1810 heiratete er

Marie Louise, eine Tochter von Kaiser Franz II. Du erinnerst dich: Der Sohn der beiden kam im Alter von zwei Jahren nach Wien und wurde hier als Herzog von Reichstadt wie ein Habsburger aufgezogen. Auf diesem Bild hier siehst du ihn als kleinen Gärtner im Laxenburger Schlosspark. Er starb 1832 schon mit 21 Jahren genau in diesem Raum an Tuberkulose, deshalb ist hier die Büste ausgestellt, die nach seinem Tod angefertigt wurde. Die ausgestopfte Haubenlerche war sein Haustier.«

»Der arme Prinz! Wie hat er sich denn in Wien gefühlt, so ganz ohne Eltern?«

»Sein Großvater liebte ihn zwar, hielt ihn aber in einem goldenen Käfig. Der Prinz wäre nämlich gern nach Frankreich gegangen, um dort seine Thronansprüche geltend zu machen. Genau das war in Wien aber nicht erwünscht.«

»Kümmerte sich seine Mutter wenigstens um ihn?«

»Wenig. Sie lebte als Herzogin in Parma.«

»Weißt du was?«, sagst du und schüttelst den Kopf. »Ich bin sehr froh, dass ich nicht als Prinz oder Prinzessin leben muss!«

Joey führt dich ins anschließende Porzellanzimmer, das Maria Theresia einst als Spiel- und Arbeitszimmer diente. Auf den ersten Blick glaubst du, die Wände bestünden aus Porzellan. Aber es ist nur Holz, bemalt mit Porzellanfarben. Josephs erste Gattin Isabella von Parma soll die Idee zu dieser Dekoration gehabt haben. Die eingefügten 213 blauen Tuschzeichnungen wurden vom Kaiser und seinen Kindern nach Vorlagen französischer Maler ausgeführt. Sie waren wirklich sehr begabt, denkst du.

Joey nimmt dich an der Hand und sagt: »Mach die Augen zu und komm mit!« Nach ein paar Schritten kommandiert Joey: »Augen auf!«

Du stehst in einem wunderbaren Raum, wie aus einem Märchen. Ja, so hast du dir die Zimmer in einem Kaiserpalast vorgestellt!

Joey sagt: »Das ist der kostbarste Raum von Schönbrunn. Er heißt Millionenzimmer, weil er Millionen wert ist, oder auch Feketin-Kabinett nach dem südamerikanischen Rosenholz der Vertäfelung. Schau, in 60 Rokokokartuschen sind indo-persische Miniaturen aus dem 16. und 17. Jahrhundert eingelassen. Sie zeigen Szenen aus dem Privat- und Hofleben der Mogulherrscher.«

Wenn du genau hinsiehst, merkst du, dass die Szenen irgendwie zusammengesetzt wirken.

»Du musst dir das richtig vorstellen!«, erklärt Joey, »Das waren einmal wertvolle Buchmalereien auf einzelnen Blättern, eine ganze Sammlung. Die kaiserliche Familie hat sie einfach zerschnitten und Collagen daraus gemacht, die kleinen Einzelteile also zu neuen Bildern zusammengesetzt. Die Reste kamen in die Hofbibliothek, wo jetzt aber auch schon die Collagen sind. Was du hier siehst, sind Reproduktionen.«

»Die Kaiserkinder und ihr Vater waren recht fleißig«, stellst du fest. »Überall sieht man die Ergebnisse ihres Werk-, Mal- und Zeichenunterrichts.«

Das Millionenzimmer

Joey zeigt auf das Miniaturenkabinett hinter einer offenen Türe. »Da drinnen hängen viele kleine Bilder, die auch von ihnen gemalt wurden.«

Das Paradebett befand sich früher im Schlafzimmer Maria Theresias in der Hofburg

Die Wohnung von Erzherzog Franz Karl und Erzherzogin Sophie

Da von hinten schon andere Besucher hereindrängen, müsst ihr das schöne Zimmer verlassen. Ihr geht weiter zur Wohnung von Kaiser Franz Josephs Eltern. Hübsch ist noch das Blumenkabinett mit seinen Blumengirlanden und seiner bemalten Decke, die den gewölbten Himmel zeigt. Das ist aber eine optische Täuschung, die Decke ist nämlich überhaupt nicht gewölbt.

Im ehemaligen Geburtszimmer Franz Josephs steht jetzt das Paradebett Maria Theresias, das man 1980 mitsamt den Wandbespannungen von der Hofburg hierher gebracht hat.

Im Schreibzimmer siehst du noch einmal Maria Theresias Familie: Das Kaiserpaar wurde hier mit elf seiner 16 Kinder von Martin von Meytens abgebildet. Drei verstarben als Kleinkinder, drei als Jugendliche. Sechs Töchter und vier Söhne erreichten das Erwachsenenalter.

Die Berglzimmer im Erdgeschoß

Jetzt geht es durch das Jagdzimmer hinaus und in den Park. Joey erklärt dir, dass die Privaträume Maria Theresias und des Kronprinzen Rudolf im Erdgeschoß nur nach Voranmeldung für Private oder Gruppen geöffnet werden, was sehr schade ist. Du wirst also wohl auf eine Ausstellung warten müssen, um hineinzukommen. Im Kindermuseum hast du aber schon ähnliche Räume gesehen. Johann Wenzel Bergl hat die Wanddekorationen gestaltet, und offenbar haben ihm seine Kinder

Eines der Berglzimmer

dabei geholfen. Wenn man genau schaut, sehen einige der kleinen Tiere ganz danach aus.

Wände und Decken sind mit Landschaftsmalerei bedeckt. Die Malereien an den Wänden wurden nicht direkt an die Mauern, sondern auf Leinwand gemalt und auf Holzgitter gespannt, damit die in den Mauern aufsteigende Feuchtigkeit sie nicht verderben konnte.

Im Maria-Theresien-Appartement geht man durch vier Räume, von der Weite der freien Natur bis zur Nähe eines Schlosses, in den Park und dann in das Schloss hinein (die anschließenden Weißgoldzimmer). Fremdartige Vögel und Tiere beleben die Szenen. Der Handschuh und das Gartenwerkzeug deuten an, dass die Kaiserin selbst gerne gärtnerte. Werden die Türen zum Park geöffnet, so setzt sich das Grün der Räume im Grün des Parks draußen fort.

»Und genau dorthin gehen wir jetzt!«, ruft Joey.

Ein Rundgang durch den Park

Welche Wohltat nach all den Besichtigungen! Du läufst gleich einmal mit Joey um die Wette, da dir vom vielen Stehen die Beine fast eingeschlafen sind.

Joey prahlt mit Zahlen: »Hier gibt es 4700 Alleebäume in 19 Alleen, 900 Bäume in den barocken Bosketten (Wäldchen) und 29 Kilometer Hecken, die auf verschiedene Höhen von einem bis zu zwölf Metern zugeschnitten sind. Es gibt 128.000 Quadratmeter Rasen und 40.000 Quadratmeter Wiesen, Tausende Bäume, 43.000 Blumen für den Frühjahrsschmuck und 122.000 Blumen im Sommer. Durch den Park führen 362.000 Quadratmeter gekieste Wege. Im Herbst benötigt man 80 Lastkraftwagen, um das Laub zu entfernen. 40 Gärtner pflegen die gesamte Fläche von 190 Hektar. 35

Lehrlinge werden hier ausgebildet, und im Feldgarten werden die Frühjahrs- und Sommerblumen für alle fünf Bundesgärten (Schönbrunn, Belvedere, Augarten, Burggarten und Volksgarten) gezogen. Es gibt 1250 Parkbänke und 250 Mistkübel und …«

Endlich geht Joey die Luft aus.

Du lachst: »Hat man wirklich die einzelnen Blumen gezählt? Wie komisch. Komm, wir laufen weiter!«

Es gibt sogar einen eigenen Laufplan, mit dessen Hilfe du durch den ganzen Park joggen kannst.

Hinter dem Schloss liegt das Blumenparterre. Die 32 Statuen links und rechts an seinem Rand zeigen Gestalten aus der griechisch-römischen Götterwelt oder Geschichte.

Ihr geht jetzt zum Irrgarten, wo ihr Fangen spielen könnt. Es gibt nur einen einzigen Weg durch die Hecken, der zur Aussichtsplattform in der Mitte führt. Von dort aus kannst du diejenigen beobachten, die den Weg noch nicht gefunden

Das Blumenparterre im Park

haben. Das ist lustig. Daneben gibt es nette Spielmöglichkeiten: ein Tanzglockenspiel, bei dem du hüpfend deine Lieblingsmelodie spielen kannst, oder eine Klangkletterstange, die dich oben mit einem Glockenton belohnt. Auch Rechenaufgaben findest du: Auf den Steinplatten sind Zahlen, die dir die Anzahl von Schritten angeben. Kommst du am Ende genau in die Mitte, so hast du das Rätsel gelöst!

Vorne am Ende des offenen Gartensaals … Pardon, des Blumenparterres, steht breit der Neptunbrunnen. Über einer Felsengrotte hält der Meeresgott Neptun seinen Dreizack, mit dem er die Fluten aufwühlen oder beruhigen kann. Das Wasser kommt vom Wasserbecken bei der Gloriette. Gar nicht weit von hier ist der Eingang zum Tiergarten, und sicher macht es dir großen Spaß, mit Joey hineinzugehen.

»Hoffentlich verwandelt sich Joey nicht plötzlich in einen Löwen!«, denkst du.

Tiergarten und Palmenhaus

Joey zeigt dir, wie der Zoo unter Kaiser Franz I. Stephan ausgesehen hat: Geplant vom Architekten Jean Nicolas Jadot de Ville-Issey, steht in der Mitte ein achteckiger Pavillon, der von zwölf kreisförmig angeordneten Käfigen umgeben ist. So

Pinguine: Vögel im Frack

Pandas: Sie essen den ganzen Tag

Das Palmenhaus

konnte das Kaiserpaar bequem frühstücken und dabei die Tiere beobachten. Im Innenraum sind die 33 verschiedenen Tierarten dargestellt, die damals in Schönbrunn gehalten wurden.

1828 zog die erste Giraffe in den Tiergarten ein. Die Leute waren so begeistert von diesem Tier, dass eine Modewelle »à la Giraffe« ausbrach! Man trug Hüte, Kleider, Handschuhe, ja sogar Frisuren im Giraffenstil! Beim Bäcker konnte man »Girafferln« kaufen. Und es wurden die Giraffen-Klaviere gebaut, deren Resonanzboden steil emporragt. Passend dazu gab es einen eigenen Tanz: den »Giraffen-Galopp«.

Du schlenderst mit Joey im Zoo herum, kommst zu den neuen Gehegen, zum Affenhaus und zum Spielplatz, und nimmst dir vor, demnächst einen ganzen Tag hier zu verbringen. Dazu reicht die Zeit jetzt nicht.

Eine der schattigen Alleen

Ihr geht beim Hietzinger Ausgang hinaus und kommt zum großen Palmenhaus. Hier war einmal der »Holländische Garten« mit seinem Treibhaus, der ebenfalls von Franz I. Stephan angelegt wurde, weshalb ja auch sein Denkmal hier steht. Das Palmenhaus, 1882 entstanden, ist eine Eisen-Glas-Konstruktion von 114 Metern Länge, in der Mitte von 25 Metern Höhe und mit 45.000 Glasscheiben versehen. Innen ist es in drei unterschiedliche Klimabereiche geteilt. Leider kann man die Myrte, die Maria Theresia 1736 als kleines Bäumchen vom türkischen Sultan Mahmud I. zu ihrer Hochzeit bekam, nicht mehr im Palmenhaus sehen, die aber verborgen vor neugierigen Blicken noch immer gedeiht. Sie ist ein Symbol der Keuschheit, Reinheit und Fruchtbarkeit, ein beliebter Brautschmuck seit der Antike.

Auch im Sonnenuhrhaus daneben gibt es noch zwei Pflanzen aus dem 18. Jahrhundert: einen von Joseph II. gepflanzten Ginkgo und eine Seidenpflanze. Du kannst, wenn du möchtest, deinen Parkbesuch jetzt beenden und ihn ein anderes Mal fortsetzen.

Tirolergarten und Gloriette

Bei eurem nächsten Treffen schlendert ihr gleich noch einmal durch den Tiergarten und dann den Hügel hinauf zum Tirolergarten. Er wurde um 1800 für Erzherzog Johann angelegt, einen Bruder von Kaiser Franz II., der das Gebirge sehr liebte. Man setzte Alpenpflanzen und erbaute sogar ein Tiroler Bauernhaus mit einem Stall. Dort hielt man bis 1918 Kühe, die den kaiserlichen Hof mit frischer Milch versorgten. Napoleons Sohn bekam hier ein eingezäuntes Stück Garten, auf dem er ein Blockhaus baute, über dem ein Erdhügel aufgetragen wurde. Das war seine »Robinsonhöhle«. Auch Kaiser Franz Joseph kam oft und gerne hierher. Sein Sohn Rudolf bekam

Die Gloriette

eine kleine Alpenhütte, die heute noch besteht. Da die Tirolerhäuser im Laufe der Zeit schon recht verfallen waren, wurde 1993 ein historisches Bauernhaus in Tirol abgetragen und hier wieder aufgebaut.

Jetzt könnt ihr zur Gloriette hinübergehen, es ist nicht weit. Sie steht auch auf dem Schönbrunner Berg, der genau 64 Meter hoch ist. Das Bauwerk hatte keinen anderen Zweck, als hier gelegentlich speisen und den Ausblick bewundern zu können. Es wurde von Johann Ferdinand Hetzendorf von Hohenberg unter Verwendung alter Bauteile aus dem Renaissance-Schloss Neugebäude errichtet.

Da Maria Theresia schon schwer übergewichtig war, baute man hier eine »Hebmaschine für ihre Majestät die Kaiserin« ein, wie es auch unten im Schloss eine gab. Der Aufzug war bis 1870 in Betrieb, er wurde von einem Besucher beschrieben: »In einem der Räume war eine quadratische Kiste mit einem Sofa, das gerade groß genug war, dass drei oder vier Personen darauf Platz nehmen konnten, mit an jeder Seite befestigten Spiegeln. Darin kann man auf das Dach des Gebäudes gelangen, wofür man nur an einer Glocke läuten muss. Ein Mann steht bereit, um die Gäste hochzuziehen, und man steigt sanft auf, bis sich auf einmal der zauberhafteste Ausblick ausbreitet, der ganz Wien sowie die ungarischen und mährischen Berge umfasst. Wenn man wieder nach unten möchte, reicht es wiederum, die Glocke zu betätigen, und man gelangt mit derselben Leichtigkeit nach unten, mit der man hinauf kam.«

Begegnung in Schönbrunn

Brunnen und Römische Ruine

Nun geht es den Berg hinunter und nach rechts am Taubenhaus vorbei zum Schönen Brunnen, den bekanntlich Kaiser Matthias entdeckte. Das Wasser der Quelle wurde lange als Trink- und Waschwasser verwendet, Franz Joseph ließ es sich sogar in die Hofburg bringen und nahm es auf Reisen mit. Als Nächstes siehst du die Römische Ruine, die natürlich nicht aus der Römerzeit stammt. Zu Maria Theresias Zeit ließ jeder Adelige, der keine echte Ruine hatte, eben eine bauen. Hier spielt Herkules mit dem dreiköpfigen Höllenhund Cerberus. Dieser lässt eine Sintflut auf Karthago niedergehen, dessen Bauten schon im Wasser versunken sind.

Der Obeliskenbrunnen

Schließlich kommt ihr noch zum Obeliskenbrunnen, der ebenso wie Gloriette und Ruine ein Werk von Hetzendorf von Hohenberg ist. Der Obelisk steht auf vier Schildkröten, oben siehst du eine vergoldete Kugel (Sonne) mit einem vergoldeten Adler. Nach alten Vorstellungen war der Adler das einzige Tier, das sich ungestraft der Sonne nähern durfte. Er war somit der Vermittler zwischen Himmel und Erde, zwischen Gott und dem Herrscher. Obelisken verbinden ebenfalls die Erde mit der Sonne.

Die Orangerie

Neben dem Schloss stehen noch zahlreiche weitere Gebäude, die der Versorgung der Schlossbewohner dienten, wie zum Beispiel die Orangerie, die 1754 von Jean Nicolas Jadot de Ville-Issey erbaut wurde. Sie war für die Überwinterung der Zitrusbäume bestimmt und ist mit ihren 189 Metern Länge und zehn Metern Breite die zweitgrößte in Europa. Ihre 39 Fensteröffnungen bieten den Pflanzen im Winter genügend Licht.

Das Gebäude wurde auch für höfische Feste und zu Repräsentationszwecken verwendet, denn immerhin ist die Orangerie vier Mal so lang wie die Große Galerie. 1786 fand hier übrigens ein musikalischer Wettstreit zwischen den beiden Komponisten Wolfgang Amadeus Mozart und Antonio Salieri statt.

Apropos Mozart: Im Hofratstrakt befindet sich das Marionettentheater, das wunderbare Aufführungen seiner »Zauberflöte« bietet, sogar in einer eigenen Kinderversion. Auch Opern anderer Komponisten stehen auf dem Programm, wie »Hänsel und Gretel« oder die »Fledermaus« (die eher eine komische Oper als eine Operette ist).

Wirf zum Abschluss noch einen Blick in den Kronprinzengarten, der direkt an das Kronprinzenappartement anschließt, er war bis 1918 der Privatgarten der kaiserlichen Familie. Der von wildem Wein bewachsene Laubengang wurde von jeher zum Lustwandeln benützt. Hübsche, weiß-grün bemalte Pavillons sind darin eingefügt. Der fünfte, mittlere Pavillon wurde durch einen modernen Aussichtspavillon ersetzt.

Das grüne Wien und das Wasser

Vom grünen Prater zum Wurstelprater

Ernst-Happel-Stadion und Stadionbad

Über Kaiserliches hast du wohl fürs Erste genug gehört. Nun möchtest du endlich etwas Sport betreiben. Fahr doch einfach in den »grünen« Prater, dorthin ist es gar nicht weit. Du kannst sogar mit dem Rad hinkommen. Dort kann man joggen, Rad fahren, reiten, Golf und Tennis spielen oder einfach nur mit oder ohne Hund spazieren gehen. Vor allem aber gibt es einen herrlichen Kinderspielplatz. Willst du ihn Joey oder deinen Mitschülern zeigen?

Falls du nicht mit dem Fahrrad unterwegs bist, nimm die U2 bis zum Ernst-Happel-Stadion (Station Stadion), das nach dem bekannten Fußballer und Trainer benannt wurde. Es ist das größte Stadion von Österreich, dessen ovale Arena heute nur mehr etwas mehr als 50.000 Besucher fasst, und liegt an der Meiereistraße. Um 1960 fanden noch über 90.000 Zuschauer darin Platz! Auf seiner 105 mal 68 Meter großen, beheizbaren Rasenfläche finden die Heimspiele der österreichischen Fußballnationalmannschaft und die Europacup-Spiele der Wiener Clubs statt. Bei der Fußball-Europameisterschaft 2008 diente es als Austragungsort für das Finale.

Gleich daneben findest du das Stadionbad. Es hat von Mai bis Mitte September geöffnet und bietet mit seiner großen Liegewiese und seinen verschiedenen Becken 9000 Gästen Platz. Jeder findet hier, was ihm gefällt. Die Sportlichen stürzen sich ins große Schwimm- oder ins Sprungbecken, man kann Wasserball spielen oder sich von Wellen tragen lassen und im Strömungskanal mit oder gegen den Strom schwimmen (anstrengend!). Es gibt die beliebte Wasserrutsche und für die Kleinen ein Kinderbecken. Hier kannst du dich mit Joey im Sommer einmal so richtig austoben!

Kastanienblüte auf der Prater Hauptallee

Heute geht das aber nicht, dafür steht ein Praterspaziergang auf dem Programm.

»Komm, wir laufen die Meiereistraße vor zur Hauptallee!«, ruft Joey und sprintet los. Hier kennst du dich viel besser aus als Joey, und so übernimmst du diesmal die Führung zum Heustadlwasser.

Heustadlwasser und Rosenwasser

Überquert ihr die Hauptallee, so seht ihr links einen ehemaligen Donauarm, das Heustadlwasser: Gegenüber dem heutigen Hundedressurplatz stand einst ein »Heustadl« für die Rotwildfütterung. Im Sommer gibt es da einen Bootsverleih, wo du dir ein Tretboot ausleihen kannst (ab dem 16. Lebensjahr, Ausweispflicht!).

»Wie lustig«, ruft Joey, »schau, in dem Teich da links schwimmt ein großer, schwarzer Hund!«

Ein ehemaliger Donauarm, das Heustadlwasser

Der Seitenarm heißt Rosenwasser und dient als Hundebad. Joey hat einen großen Stock gefunden und zeigt ihn dem Hund, bevor er ihn weit hinein ins Wasser wirft. Schwupps! Der Hund schwimmt hinterher. Gleich hat er ihn und bringt ihn freudig zurück. Er schüttelt sich neben euch das Wasser aus dem dicken Fell, dann reibt er sich an euren Jeans, bis ihr alle beide schön nass seid. Ein neuer Freund! Ihr könnt ihn (und seinen Besitzer) auf eine Runde durch die Wildnis einladen, falls kein gefährlicher Sturm durchs Gehölz bläst.

Die Natur nimmt hier noch recht ungestört ihren Lauf: Von Sturm oder von Menschenhand gefällte Bäume liegen kreuz und quer herum, sie bieten sich als Sitzgelegenheiten an. Aus dem dichten Unterholz leuchten einige Blüten hervor, und im Frühling liegt leichter Knoblauchgeruch in der Luft. Das kommt vom Bärlauch, der hier fast überall aus dem Boden sprießt.

Joey findet in seinem Rucksack ein Nylonsackerl: »Komm, wir pflücken etwas Bärlauch und nehmen ihn mit. Er schmeckt sehr gut auf Butterbrot, in Suppe, Salat, oder mit Topfen verrührt als Aufstrich.«

Hunde lieben ein erfrischendes Bad

Du kannst den Bärlauch unbesorgt pflücken, bis er zu blühen beginnt. Danach aber lass es lieber bleiben! Denn zu der Zeit kommen schon die Blätter der Maiglöckchen zum Vorschein, sie sehen ganz ähnlich aus, sind aber sehr giftig! Bist du dir nicht sicher, um welches Blatt es sich handelt, so reibe es zwischen deinen Fingern: Riecht es nach Knoblauch, dann kannst du es essen.

Vor der Autobahnbrücke der Südosttangente führt rechts eine kleine Brücke über das Heustadlwasser, dann gehst du geradeaus unter der Autobahnbrücke weiter, bis du links auf die Sulzwiese kommst. Von dort gehst du an der Rückseite der Häuschen des Kleingartenvereins vorbei bis zum Walter-Kern-Weg. Zu beiden Seiten des Weges kannst du merkwürdige Gräben und Gruben entdecken: Im Zweiten Weltkrieg wurde das Gelände von vielen Bomben getroffen und durch den Bau von Schützen- und Splittergräben zerwühlt. Die Natur hat sich seither alles wieder zurückerobert, die Gräben sind verwachsen, sogar Bäume ragen aus ihnen heraus.

Blühender Bärlauch

Isidor Canevale errichtete das Lusthaus im Jahr 1783

»Der Walter-Kern-Weg ist hier zu Ende, lass uns links in die Belvedereallee einbiegen!«

Gesagt, getan, ihr geht unter der Eisenbahnbrücke durch zum Lusthaus, das ja eine Sehenswürdigkeit darstellt. An der Stelle befand sich schon im 16. Jahrhundert ein kaiserliches Jagdhaus, die sogenannte »Casa verde« (grünes Haus). Als Kaiser Joseph II. den zuvor nur für die allerhöchsten Herrschaften zugänglichen Prater der breiten Bevölkerung geöffnet hatte, errichtete der Architekt Isidor Canevale hier 1783 das neue Lusthaus. Heute ist es ein elegantes Café-Restaurant, oben in der »Laterne« gibt es sogar ein Turmstüberl.

»Das ist aber nicht der richtige Platz für uns, um rasch ein Cola zu trinken!«, sagst du und führst Joey hinter dem Lusthaus die Rennbahnstraße entlang zur Gelsenbar, die euch beiden gut gefällt. Auf eurem Weg kommt ihr hin und wieder an Bäumen vorbei, die mit einem K oder X gekennzeichnet sind.

Die Gelsenbar bietet Speisen und Getränke

»Das sind Kontrollmarkierungen des Stadtgartenamts, weißt du. Falls es nötig ist, werden diese Bäume gefällt. Schau mal, da vorne sind Pferde!«

Von der Freudenau zur Arenawiese

Ein Stückchen weiter vorne befindet sich links der Golfplatz Freudenau, und rechts seht ihr die Koppeln für die Trabrennpferde der Freudenau. Die von Pferdehufen aufgewühlten Reitwege überall im Prater sind euch sicher schon aufgefallen, sie sind mit runden blauen Tafeln markiert, auf denen man in Weiß Reiter und Pferd erkennt. Hier pflegt man alte Traditionen!

Ihr geht zurück zur Belvedereallee, folgt ihr bis an ihr Ende, dann rechts entlang der Autobahnbrücke und weiter, bis ihr unter ihr durchgehen könnt. Quer über eine schmale Straße kommt ihr zur Wasserwiese, geht immer geradeaus weiter bis zur Stadionallee und noch weiter, bis ihr zur größten Hundezone von Wien kommt. Auf dem 320.000 Quadratmeter großen Areal können sich die Vierbeiner nach Lust und Laune austoben. »Gacki-Sackerl-Spender« helfen, es von »Tretbomben« sauber zu halten.

Aber Achtung: Gleich daneben, links vom Trinkbrunnen, liegt die Jesuitenwiese, und da herrscht absolutes Hundeverbot. Hier seid ihr nämlich gleich auf dem schönsten und größten Kinderspielplatz von Wien, der Prater-Ranch. Verabschiedet euch also rechtzeitig von eurem schwarzen Hundefreund und seinem Begleiter, denn diesen Spielplatz müsst ihr kennenlernen. Joey meint zwar, ihr seid schon zu groß für derlei Spiele, aber die wunderschöne Kletter-Pritschel-Sand-Anlage mit einer Burg, zwischen deren Türmen sich eine »gefährliche« Brücke spannt, gefällt euch dann doch. Und die lange, silberfarbene Schlangenrutsche und die rumpelige Wellen-

Urwald und Gehweg im grünen Prater

rutsche auch. Sogar im Winter ist es hier lustig: Auf dem künstlichen Hügel können Kinder (aber nur bei Minusgraden) sogar kostenlos rodeln: Eine Schneekanone des Wiener Stadtgartenamtes sorgt selbst in schneearmen Wintern für eine 40 bis 60 Meter lange Abfahrtsstrecke. Der zehn Meter hohe Berg ist übrigens erst nach dem Zweiten Weltkrieg entstanden, unter seiner Erdschicht verbergen sich die Trümmer vieler zerbombter Häuser.

Ihr geht jetzt zurück zum Trinkbrunnen, von dort dann schräg links zur Arenawiese. Sie besitzt einen großen Graben, der ideal für Ballspiele geeignet ist. Dahinter geht es wieder zur Hauptallee, in die ihr nach links einbiegt. Joey hat jetzt genug vom grünen Prater gesehen und sagt: »Aber jetzt möchte ich endlich in den Wurstelprater!«

Durch den Wurstelprater

Du hättest es dir denken können: Joey hat hier gleich wieder eine Geschichte zu erzählen.

Die Geschichte vom Taffern-Michel

Als Kaiser Karl im Jahre 791 gegen die Awaren zog, befand sich ein riesengroßer und bärenstarker Krieger namens Ainöther in seinem Gefolge. Nachdem die Franken gesiegt hatten, blieb der Riese hier, nahm sich eine Frau und hatte zahlreiche Nachkommen, die aber weder seine Größe noch seine Stärke geerbt hatten. Ganz im Gegenteil: Ein ferner Nachkomme namens Michael Ainöther, der im 17. Jahrhundert lebte, war ein buckeliger und krummbeiniger Zwerg, ganze 1,25 Meter groß. Er arbeitete als Schankjunge in der »Stadt Tafferne« (Schänke) in der Wollzeile (heute Nr. 17). Da er sehr fleißig, gewandt und aufmerksam war, hielten die Gäste, unter denen sich viele wohlhabende Bürger der Stadt befanden, trotz seines Aussehens viel von ihm. Michel trug einen klugen Kopf auf seinen verwachsenen Schultern.

Eines Tages hatte er den Einfall, auf dem Stadtgut ein Wirtshaus zu eröffnen. Das Gut gehörte der Stadtgemeinde und lag auf einem Gelände zwischen Augarten und Praterstern. Die Wiener gingen gerne dort spazieren, um sich an den schönen Wiesen und Bäumen zu erfreuen, denn in den Prater durften sie ja damals noch nicht hinein. Michels Gäste aus der Wollzeile waren von der Idee begeistert, setzten sich beim Magistrat für ihn ein und gaben ihm das nötige Geld. Das Lokal wurde am 1. Mai 1603 eröffnet und war ein solcher Erfolg, dass es bald vergrößert werden musste. Über dem Eingangstor stand zu lesen:

Gott behuet dies Haus so lang,
bis ein Schneck die Welt umgang.
Und ein Ameis dürst so sehr,
Daß er's austrinkt 's ganze Meer.

Es wurden Kegelbahnen angelegt, und bereits nach fünf Jahren wurde die hölzerne Hütte in ein steinernes Haus verwandelt. Michael zahlte alle seine Schulden zurück und wurde reich, heiratete ein braves und hübsches Mädchen und arbeitete bis zu seinem Tod im Jahre 1651 unermüdlich weiter.

Dann ging das Praterwirtshaus zwar in andere Hände über, aber seine Nachfolger errichteten noch Schaukeln und Holzbuden mit Puppentheater, wo der lustige Hans Wurst die Hauptrolle spielte. Deshalb erhielt der Ort den Namen Wurstelprater, der ihm – wenn auch an anderer Stelle – bis heute geblieben ist.

»Und woher kommt der Name Wurstel, weißt du das?«, willst du wissen.

Klar, Joey kann auch das erklären: »Martin Luther schrieb schon 1541 eine Streitschrift ›Wider Hans Worst‹. Der Name dieser lustigen Figur ist recht alt und taucht in Fastnachtsspielen auf. Sogar Johann Wolfgang von Goethe verfasste einen Sketch mit dem Titel ›Hanswursts Hochzeit‹. Richtig berühmt machte den Namen aber erst der Komödiant und Zahnarzt Josef Anton Stranitzky am Wiener Kärntnertortheater. Heute tritt der Wurstel gern vor Kindern auf.«

Die Praterattraktionen

Wie interessant! Aber jetzt willst du Joey die schönsten Praterattraktionen zeigen, denn du warst schon mehrmals mit deinen Eltern hier und kennst dich aus. Außerdem hast du einen Praterplan mitgebracht, den du dir bei deinem letzten

Das Schweizerhaus, ein beliebtes Restaurant

Besuch am Info-Point besorgt hast. Darauf ist jede Attraktion mit einer eigenen Ziffer eingezeichnet.

Ihr geht von der Hauptallee beim Restaurant Santa Cruz nach rechts, überquert die Geleise der Liliputbahn, dann geht es nach links und hinter dem Schweizerhaus vorbei zur Hochschaubahn (196).

»Herrreinspaziert, meine Damen und Herren!«, schreit der Ausrufer. »Wer will noch mal, wer hat noch nicht?«

Welches Kind kann da widerstehen?

»Also los, Joey, keine Sorge, es ist ganz ungefährlich!«

Es geht rauf und runter, sogar unter einem Wasserfall vor dem Alpenpanorama von Heiligenblut hindurch. Joey hat dabei ein bisschen die Augen verdreht und den Atem angehalten.

Danach führst du Joey zurück zum Schweizerhaus und dort nach links zur Reitbahn (181).

»Schau doch, wie ungeschickt sich die Kinder anstellen.

Die Hochschaubahn

Willst du auch reiten?«, fragst du. Und schon versucht auch ihr, unter Anleitung zwischen Wiesen, Bäumen und Pferdekoppeln herumzureiten. »Und jetzt zum Wurschtl, ja?« Du führst Joey nach rechts in die Straße des 1. Mai bis zum Wurstelplatz, wo das Kasperl Theater (176) steht. Hier ist der Wurstel noch immer lebendig! Wurstl – oder wienerisch Wurschtl – ist kein anderer als unser Kasperl.

Jetzt geht ihr zur Toboggan-Rutsche (130), vom Volk früher »Teufelsrutschn« genannt. Diese älteste Holzrutsche der Welt wurde 1913 gebaut und nach dem Krieg im Jahre 1947 originalgetreu wieder errichtet, sie steht unter Denkmalschutz. Uff! Da geht es 100 Stufen hinauf, bevor ihr auf Jutesäcken 100 Meter in die Tiefe rutschen könnt. Anstrengend ist das schon, aber ein großer Spaß!

Und weiter geht es zum Praterturm (213), der mit seinen 117 Metern das höchste Kettenkarussel der Welt ist. Man kann ihn wirklich nicht übersehen, und dank der Uhren an seiner Spitze sieht man vom ganzen Wurstlprater aus, wie spät es gerade ist.

»Nein, da will ich nicht mitfahren, mir wird schon schlecht, wenn ich nur hinaufschaue!«, sagt Joey, von Zauberwesen plötzlich keine Spur.

Aber dann leuchten Joeys Augen, denn gegenüber steht das 1. Wiener Pony Caroussel (201). Auch hier geht es zwar immer im Kreis, jedoch entweder gut gesichert hoch zu Ross oder bequem in einer Kutsche.

Danach hast du eine Idee: Joey muss mit dir unbedingt ins Calypso Lachkabinett (80) gehen. Da steht ihr nun vor den Spiegeln und biegt euch vor Lachen, weil euer Spiegelbild so sonderbar verzerrt und komisch aussieht, und immer wieder anders.

Über den Calafatiplatz geht es danach weiter zum Geisterschloss (45), der 1955 erbauten, ältesten Geisterbahn des Praters, wo die

Oben: Die Toboggan-Rutsche, die älteste Holzrutsche der Welt
Unten: Der Praterturm, das höchste Kettenkarussel der Welt

Kleinsten tapfer das Gruseln erlernen. »Noch einmal! Noch einmal!«, rufen sie, kaum, dass der Wagen stillsteht. Denn das, wovor man sich fürchten soll, kann man gar nicht oft genug sehen – allerdings in Begleitung. Und seufzend zahlen Mütter, Omas und Väter die nächste gemeinsame Tour.

Im Geisterschloss lernt man das Gruseln

Von hier geht ihr geradeaus weiter bis zum Riesenradplatz, wo rechts Madame Tussauds Wachsfigurenkabinett (15) auf euch wartet. Drinnen trefft ihr jede Menge Berühmtheiten aus Wachs, die wie lebendig aussehen. Natürlich weiß Joey über jeden etwas, und über manche mehr, aber du drängst zur Eile, weil du noch eine Fahrt mit dem Riesenrad machen möchtest.

Das Riesenrad

Das Riesenrad wurde anlässlich der Weltausstellung von 1897 vom englischen Ingenieur Walter Basset errichtet. Es ist 64,75 Meter hoch und hat einen Durchmesser von etwa 61 Metern. Sein Gewicht ist beachtlich: Rund 244 Tonnen wiegt allein die Radkonstruktion, zusätzlich zu den 430 Tonnen der tragenden Eisenkonstruktion. Ursprünglich war es mit 30 Waggons ausgestattet, nach dem Krieg hat man aus Sicherheits-

Das Riesenrad

gründen nur mehr die Hälfte wieder angebracht. Es dreht sich mit einer Geschwindigkeit von 2,7 Stundenkilometern etwa halb so schnell, wie ein flotter Fußgänger geht. So kann man in aller Ruhe die Aussicht über Wien genießen. Joey hat wieder etwas zu erzählen.

Die Reiterin auf dem Riesenrad

Stell dir vor, im Jahre 1914 drehte man hier unter großem Aufsehen und noch größerem Polizeiaufgebot eine Filmszene: Eine Frau sollte hoch zu Ross auf dem Dach eines Waggons eine Runde drehen. Für dieses Kunststück war die Zirkusdirektorin Solange d'Atalide engagiert worden. Sie ließ das bereits auf dem Waggon festgebundene Pferd zur Gewöhnung erst einmal vier Runden alleine machen, bis sie bereit war, sich in den Sattel zu setzen.

Für einen anderen, 1922 gedrehten Film vollführten die Brüder Maningo auf einem Waggon völlig frei stehend und ohne jede Sicherung am höchsten Punkt einen Doppelhandstand, der vom Dach des Nebenwaggons aus gefilmt wurde.

Das Planetarium

Planetarium und Pratermuseum

Zum Planetarium gehst du vom Riesenrad nach links aus dem Wurstelprater hinaus, an der Information (hier gibt es die Praterpläne gratis) vorbei zum Oswald-Thomas-Platz. »Gemma Sternderl schaun« hieß es schon 1927/28, als das erste hölzerne Planetarium Wiens auf dem Maria-Theresien-Platz aufgebaut worden war. 1930 wurde dann das neue Planetarium im Prater eröffnet, aber bald wurden fast nur mehr Kinovorführungen gezeigt. Im Krieg wurde es, genau wie der restliche Wurstelprater, zerstört. Das jetzige Planetarium stammt aus dem Jahr 1964. Seine Kuppelschale aus Stahlbeton hat einen Durchmesser von 23,5 Metern. Der Raum bietet 240 Personen Platz. Zusätzlich gibt es noch einen Kino- und Vortragssaal mit 180 Sitzplätzen und das Pratermuseum: Hier wird die Geschichte des Wiener Praters (Wurstel- und grüner Prater) anschaulich erzählt. Du kannst hier sogar eine alte Wahrsager-Maschine, Schaustücke aus Geisterbahnen und die Laterna-magica-Sammlung sehen.

Die Liliputbahn

»Wollen wir noch mit der Liliputbahn fahren?«, fragst du, und Joey nickt begeistert. Also zurück zum Riesenrad und dort den Schildern zur Bahn gefolgt! »Fahren wir zwei Stationen bis zum Stadion? Dann können wir mit der U-Bahn gleich nach Hause fahren.«

Da kommt schon die alte Dampflokomotive angepfaucht, ihr steigt in einen offenen Waggon gleich dahinter ein und – ratter, ratter – es geht durch den Prater. Natürlich gibt es neben alten Loks auch modernere Dieselloks.

Die Liliputbahn gibt es seit 1928, und nach dem Krieg seit 1947 wieder. Ihre Gesamtstrecke beträgt vier Kilometer, sie hält an vier Stationen (Prater-Hauptbahnhof, Schweizerhaus-Luftburg, Stadion, Rotunde). Während der Fahrt erzählt dir Joey kurz einiges über die Vergangenheit des Praters.

Station der Liliputbahn

Kaiser Joseph II. und der Prater

Lange Zeit war hier ein kaiserliches Jagdrevier, und niemand außer geladenen Gästen dufte herein. Das Volk musste draußen bleiben, und konnte sich nur im Landgut vergnügen, wovon ich dir zuvor schon erzählt habe. Aber im Jahre 1766 fielen auf Befehl Kaiser Josephs II. die Schranken, das Volk durfte in den Prater hinein um

Alte Ansicht vom Prater

sich hier zu erholen. Bald wurden Buden aufgestellt, an denen man sich mit Speis und Trank stärken konnte, und es dauerte nicht lange, bis Ringelspiele und andere Attraktionen dazukamen. Der Praterunternehmer Basilio Calafati (†1878) – er war griechischer Herkunft – besaß eine Bude und ein Ringelspiel, in dessen Mitte eine riesige chinesische Figur stand, der »große Chines«. Es gab hier auch viele Italiener, die »Salamucci«, die Salami und Käse anboten.

Der Volks- oder Wurstelprater wuchs rasch und wurde ein Publikumsmagnet, der die Monarchie überdauerte. Im Zweiten Weltkrieg erlitt er schwere Schäden, doch baute man ihn danach recht schnell neu auf. Die Praterausrufer kehrten zurück, auch Bier, Langos, Stelzen und Zuckerwatte waren bald wieder erhältlich, und beim »Watschenmann« konnte man wieder seine Kraft messen, indem man ihm eine kräftige Ohrfeige versetzte.

Von Nußdorf nach Simmering – den Donaukanal entlang

Das Nußdorfer Wehr

Auch am nächsten Tag ist Bewegung angesagt, Joey steht schon ungeduldig mit seinem Fahrrad vor deinem Haus und klingelt heftig. Also schnell, es geht zum Donaukanal.

Um ihn richtig kennenzulernen, startet ihr am besten am Nußdorfer Platz, dann geht es vom Bahnhof durch die Unterführung zum Wasser.

»Schau, die hübschen Löwen da auf der Brücke!«, ruft Joey.

Die Brücke entstand knapp vor 1900 bei der Regulierung des Donaukanals, die sowohl der Schifffahrt als auch dem Hochwasserschutz dient. Das Nußdorfer Wehr wurde nach Otto Wagners Plänen errichtet und gehört zu seinen bedeutendsten Schöpfungen.

Joey fährt zum Spitz vor und ruft: »Da kannst du ja die ganze Donau sehen, stromauf und abwärts!« Dann erzählt er dir einiges über den Donaukanal.

Das Nußdorfer Wehr von Otto Wagner

Das Wiener Wasser

Immer wieder wurde Wien von Überschwemmungen heimgesucht

Das Wiener Wasser, wie der Donaukanal früher genannt wurde, war einer der fünf Hauptarme der Donau, floss direkt vor der Stadtmauer (1. Bezirk) und war schiffbar. Schon im römischen Vindobona wurde ein Hafen im Bereich des Schwedenplatzes angelegt. Im Mittelalter herrschte reger Handel entlang der Donau, wobei Wien als Hafenstadt eine wichtige Rolle spielte: Alle Waren mussten den Wiener Kaufleuten angeboten werden (Stapelrecht), die den weiteren Handel damit übernahmen.

Du kannst dir denken, dass sie gut dabei verdienten. Deshalb war ihnen das Wiener Wasser wichtig! Schon als es im 15. Jahrhundert zu versanden drohte, versuchte man es zu regulieren. Aber das nächste Hochwasser riss die Anlagen alle weg. 1598 unternahm Graf Friedrich Hoyos den Versuch, die Schifffahrt im Wiener Wasser zu sichern: Er befestigte die Ufer mit Bäumen, Büschen und Steinen, somit konnte der bis dahin naturbelassene Arm sein Bett nicht mehr ändern. Er führte aber immer weniger Wasser, da die Donau ihre Hauptbetten laufend weiter nach Norden verlegte. Fast 300 Jahre lang kämpfte man ohne nachhaltigen Erfolg gegen die Versandung. Auch der Versuch, Wasser in Nußdorf künstlich einzuleiten, nützte nichts.

Du möchtest sicher wissen, wann das Wiener Wasser zum hässlichen Namen Donaukanal gekommen ist. Im 17. Jahrhundert kam der Name Donaukanal für das obere Teilstück zwischen Nußdorf und der heutigen Friedensbrücke auf und wurde bald auf das ganze

Wiener Wasser übertragen. Es mündete damals noch beim Lusthaus im Prater in den Hauptstrom, was man dort am Mauthnerwasser noch erkennen kann. Seine Ausmündung wurde in der zweiten Hälfte des 19. Jahrhunderts aber nach Albern verlegt, wodurch der Praterspitz entstand. Seither ist der Donaukanal knapp über 17 Kilometer lang. Das ist mit dem Fahrrad keine Entfernung!

Ihr fahrt dem Wasser entlang auf dem Donaukanal-Radweg parallel zur Brigittenauer Lände, unter der Heiligenstädter und der Gürtelbrücke durch, bis ihr am anderen Ufer das bunte Fernwärmekraftwerk Spittelau seht, dessen Fassade vom Maler Hundertwasser »behübscht« wurde. Mehr darüber erfährst du später bei Joeys Hundertwasser-Tour.

Am Kanal im 9. Bezirk

Weiter geht es zur Friedensbrücke, an deren Stelle es schon im Mittelalter einen Flussübergang und in der frühen Neuzeit eine Schiffsbrücke gab. Etwas unterhalb mündet die (eingewölbte) Als (Alserbach) heute in den Donaukanal. Im Mittelalter hatte man sie in die Innenstadt in das ehemalige Flussbett des Ottakringer Baches umgeleitet (Tiefer Graben), später versorgte sie den Stadtgraben mit ihrem Wasser. Die Bezirke Alsergrund (9. Bezirk) und Hernals (17. Bezirk) leiten beide ihren Namen von ihr ab. Unterhalb der Mündung gab es Schiffsanlegeplätze und Rosstränken, daher nennt man die Gegend bis heute Rossau.

Das Ufer bei der alten U-Bahn-Station (Roßauer Lände) von Otto Wagner wandelte sich ab 1996 von einer »G'stätten« (einem ungepflegten Abhang) zur Summer Stage, wo man von Mai bis September auf der überdachten Terrasse oder im Glaspavillon mit Blick auf den Kanal gut speisen kann. Hier werden Events veranstaltet, Konzerte und Ausstellungen, und ein Body-and-Mind-Parcours auf dem Treppelweg lädt zur Bewegung ein. Die Vierbeiner freuen sich auf die Hunde-Bar.

Bald danach seht ihr die große rote Rossauerkaserne wieder, die ihr noch von eurer Ringstraßen-Wanderung in Erinnerung habt. Sie wurde nach der Revolution von 1848 als Kronprinz-Rudolf-Kaserne gemeinsam mit dem Arsenal und der Franz-Joseph-Kaserne (heute steht dort die Postsparkasse) errichtet, sodass jederzeit im Falle von Aufständen der Bevölkerung Truppen auf der Ringstraße hätten aufmarschieren können. Daneben war eine zweite Staustufe des Donaukanals geplant, die Kaiserbadschleuse.

Joey sagt: »Siehst du das kleine Haus am anderen Ufer, gleich neben der U2-Station Schottenring, das mit hübschen blauen Fliesen verziert ist? Es ist das Schützenhaus von Otto Wagner, von wo aus ein Kran bei Bedarf ein Staugerüst aus beweglichen Schütztafeln im Fluss hätte aufstellen sollen.«

Die Schleuse ging nie in Betrieb, weil die Flussschifffahrt durch die Eisenbahnen inzwischen an Bedeutung verloren hatte und die Monarchie auseinanderbrach.

Am Wasser im 1. Bezirk

Ihr kommt nun in den 1. Bezirk, und flott geht es weiter, am Wasser entlang. Joey zeigt dir den Eingang zum Flex (Augartenbrücke 1), wo sich die Anhänger lauter Musik wohlfühlen. Das alte Flex war zu Silvester 1990 in der Arndtstraße in Meidling eröffnet worden. Drei Jahre lang wurde es mit Punk und Hardcore bespielt, dann schloss es nach über 300 Konzerten, fast ebenso vielen Polizeieinsätzen, Ruhestörungsklagen und saftigen Geldstrafen seine Pforten. Man suchte einen neuen Platz dafür. Was aber wäre idealer für eine Musiklocation mit hohem Lärmpegel als eine leer stehende U-Bahn-Trasse am Donaukanal? Nach einem offiziellen

Gemeinderatsbeschluss und etwas Aufregung in der City inklusive Anti-Flex-Demonstration wurde in einer kalten Winternacht 1994 mit den Bauarbeiten begonnen. Im Oktober 1995 wurde das Tunnellokal mit den Graffitiwänden eröffnet. Ausgestattet mit einem der besten Soundsysteme Europas, ist das Flex zur Heimstatt internationaler und heimischer DJ-Kultur geworden.

Auf Höhe Schwedenplatz liegen einige Schiffe vor Anker. Einige sind nicht mehr fahrbereit, doch als Restaurant machen sie noch immer eine gute Figur. Daneben legt der hochmoderne Twin-City-Liner fünf Mal täglich ab und bringt seine Fahrgäste nach Bratislava.

Dem Flex gegenüber liegt der Tel Aviv Beach.

»Hier kann man auf weißen Liegestühlen im Sand unter Palmen den Stress des Alltags hinter sich lassen! Man muss nur den Sand durch die Zehen rieseln lassen, und mit ein bisschen Fantasie fühlt man sich sofort in Urlaubsstimmung«,

Fünf Mal täglich fährt der Twin-City-Liner von Wien nach Bratislava

kommt Joey ins Schwärmen. Anlässlich des 100-jährigen Jubiläums der Metropole Israels wurde der Tel Aviv Beach 2010 ins Leben gerufen. Hier kann man sehr gut essen oder auch nur ein köstliches Getränk schlürfen. Mit einem Familienprogramm haben auch die Jüngsten ihren Spaß!

Die Kaiser-Ferdinand-Brücke wurde 1919 zum Dank für die Schwedenhilfe in Schwedenbrücke umbenannt.

Joey weiß noch mehr: »Hier stand schon im Mittelalter eine Brücke, die hölzerne Schlagbrücke: Um die Mitte des 15. Jahrhunderts wurden hier ›auf der Schlachtpruckh‹ alle Ochsen und Rinder geschlachtet, die beim Roten Turm gekauft worden waren. Sie war bis 1722 der einzige Übergang von der Stadt zur gegenüberliegenden Insel, dem Unteren Werd, der heutigen Leopoldstadt, von wo aus man dann über weitere Brücken und Inseln über die Donau nach Norden reisen konnte. Die meisten Leute benützten diese Brücke nicht, sie ließen sich lieber in kleinen Booten, die es praktisch überall gab, über den Kanal fahren.«

Das Sofitel Vienna Stephansdom (Praterstraße 1), entworfen vom französischen Star-Architekten Jean Nouvel, bietet den Gästen einen wunderbaren Ausblick über ganz Wien. Mit der Bewertung »5 Sterne Superior« ist es eine Luxusherberge der (auch preislichen) Oberklasse. Oben im 18. Stock gibt es hinter einer zehn Meter hohen Glaswand ein erstklassiges Restaurant: Le Loft. Die in leuchtenden Farben gehaltene schimmernde Decke wirkt wie eine Fortsetzung des Himmels über Wien. Tagsüber macht das ganze Gebäude aber eher einen langweiligen Eindruck, schau es dir besser erst abends bei voller Beleuchtung an.

»Sieh nur, da vorne!«, ruft Joey ganz aufgeregt, »da gibt es ein schwimmendes Schwimmbecken!«

Und wirklich, kurz vor der Aspernbrücke liegt ein Schiff unbeweglich vor Anker: Das Badeschiff ist ein umgebauter

Lastkahn, dessen Schwimmbecken 32,5 mal 8,2 Meter groß ist. Es wurde im Sommer 2006 eröffnet, und an kühlen Tagen ist das Wasser sogar beheizt. Das Badeschiff bietet mit dem am Ufer angeschlossenen Strand 3000 Quadratmeter Erholungsfläche. Auch ein sehr gutes Restaurant gibt es hier, das Holy Moly, das anstatt mit teuren Möbeln im »Shabby Chic« ausgestattet ist.

Die Urania: Willkommen bei Kasperl und Pezi

In der Urania (Uraniastraße 1), einem Bau des Wagner-Schülers Max Fabiani, gibt es ein Puppentheater, dessen Aufführungen für Volksschulkinder gedacht sind. Die Stars sind Kasperl und Pezi. Du kennst die beiden vom Fernsehen und weißt, wie alle ihre Stücke anfangen:

»Seid ihr alle da?«

Im Liegestuhl in Herrmanns Strandbar

»Jaaaaa!«

Frau Holle, der Zauberer Bordibur, Kasperls Großmutter und viele andere Puppen spielen mit. Die weiße Kuppel über dem Gebäude ist die Sternwarte, die über ein Doppelfernrohr verfügt. Kinder (und Eltern) können hier bei Schönwetter einen Blick auf den Himmel über Wien werfen und viel Wissenswertes über Sonne, Mond und Sterne erfahren. Jeden Monat wird das jeweilige Sternzeichen vorgestellt.

Du hast die Strandbar Herrmann entdeckt: »Schau, da unten sitzen Leute im Sand! Wollen auch wir dort eine kurze Pause einlegen?«

Da sitzt man recht gemütlich bei einem Drink und sieht zur Mündung des Wienflusses hinunter. Dir fällt auf, dass das Wasser des Donaukanals recht sauber ist.

»Ja«, bestätigt Joey, »das ist es, jedenfalls oberhalb der Simmeringer Hauptkläranlage. Schau, da unten stehen sogar Fischer mit ihren Angeln, frühmorgens sind es noch mehr! Stromabwärts gibt es noch mehr Fische!«

Die Daublerhütten stromabwärts

Ihr habt den 1. Bezirk verlassen, radelt weiter, und Joey zeigt dir die vielen »Daublerhütten«: Freizeitfischer versenken hier (und natürlich auch im Hauptstrom) ihre quadratischen Fischernetze, die Daubeln, im Wasser. Was hier gefangen wird, kommt in den Restaurants entlang des Kanals jedoch nicht auf den Tisch.

Mit dem Drahtesel an die Donau

Joey kommt fröhlich zur Tür herein, in Jeans und einem bunten Shirt: »Machst du wieder einen Ausflug mit mir? Wie wäre es heute mit einer Radtour zur Donau?«

Gefragt, getan, du nimmst dein Fahrrad, und schon seid ihr bei der Tür hinaus! Bis zur Donauinsel geht es per U-Bahn (U6-Station Neue Donau), von hier aus hast du freie Sicht auf die doppelte Donau. Joey zeigt zum stromaufwärts gelegenen Leopoldsberg mit seinen Nachbarn und zum gegenüberliegenden Bisamberg und beginnt von der Donau zu erzählen.

Segen und Fluch der Donau

Diese Berge engen die Donau ein und zwingen sie zwischen sich in ein Bett. Erst in der Ebene konnte sie sich ungehindert ausbreiten. Sie änderte ständig ihren Verlauf, Inseln entstan-

Blick über die »doppelte Donau«

den und verschwanden wieder. Sie brachte den Menschen viel Gutes: Wasser, Wild und Fische im Überfluss. Man konnte sie mit Booten und Flößen als Transportweg gebrauchen und sie bei niederem Wasserstand oder bei Eis bequem überqueren. Sie hatte aber auch ihre Tücken, weil sie das Land immer wieder überschwemmte.

»Viel schlimmer als das Hochwasser von 1954, an das sich viele Wiener noch gut erinnern, war das im August 1501«, sagt Joey, »und das habe ich selbst gesehen. Halb Wien und die Vororte standen mehr als eine Woche lang unter Wasser. Unzählige Häuser stürzten ein, viel Vieh und auch Menschen ertranken, auf den Fluten schwammen Bäume, Kadaver und Unrat. Danach brachen Seuchen aus und eine Hungersnot, denn die umliegenden Felder waren alle zerstört. Und das war nicht die einzige Flut!«

Alle paar Jahre, oft sogar alljährlich, kam das Hochwasser wieder, wenn auch nicht in dem Ausmaß.

Einst lebten viele Fischer an der Donau. Im Sommer waren sie Tag und Nacht auf dem Wasser, im Winter besserten sie ihre Netze in ihren Hütten aus und erzählten einander dabei alte Geschichten.

»Manchmal brach das Hochwasser ganz plötzlich über die Menschen herein«, sagt Joey, »manchmal wurden sie aber auch rechtzeitig von einem Donauweibchen gewarnt: In den nächsten Tagen kommt das Tauwetter, dann bricht das Eis der Donau in Stücke und das Wasser wird über die Ufer treten. Rettet euch, verlasst den gefährlichen Ort, sonst müsst ihr alle sterben!«

Hast du schon von den Wiener Nixen gehört? Joey erzählt dir von ihnen.

Die Donauweibchen

»Am Grund des Stromes steht ein Schloss, wo der Donaufürst mit seinen Töchtern wohnt. Dort stehen große Tische mit umgestürzten Töpfen darauf, in denen die Seelen der Ertrunkenen gefangen gehalten werden. In Vollmondnächten geht der Nix (Wassermann) als Jäger gekleidet am Ufer spazieren. Wenn du ihm begegnest, darfst du ihn nur ja nicht ansprechen, sonst nimmt er dich mit.

Die hübschen, kleinen Wassernixen kommen auch manchmal herauf und singen so schön, dass ihnen jeder begeistert zuhört. Manch einer ist ihnen schon nachgerudert und nie mehr zurückgekommen. Gelegentlich gehen sie in die Discos, um mit den Menschen zu tanzen, gekleidet wie alle anderen Mädels auch, nur ihre

Wienfluss-Regulierung am Karlsplatz

Schuhe sind nass. Aber sie müssen am Morgen daheim sein, bevor ihr Vater erwacht. Er mag die Menschen nicht und schlägt seine Töchter, wenn sie bei ihnen waren. Dann ist das Wasser am Morgen ganz trüb, ja gelegentlich sogar blutrot.«

Die Donauregulierungen

Auf die Warnungen der Nixen alleine wollte man sich natürlich nicht verlassen. Während der starken Überschwemmung der Leopoldstadt im Jahr 1744 hatte Erzherzogin Maria Theresia versucht, den Betroffenen persönlich zu helfen, und deren Elend gesehen. Daher sprach sie sich für einen Hochwasserschutz aus. Es geschah aber nichts, bis der Ingenieur Johann Sigismund Hubert (der Hubertusdamm wurde nach ihm benannt) zwischen 1767 und 1785 einen Schutzdamm am linken Ufer baute, der aber schon dem nächsten Hochwasser im Jahre 1787 nicht standhielt.

Bis 1870 suchte sich die Donau ihr Flussbett wieder ungestört selber (heute Alte Donau) und bedrohte ständig die an ihren Ufern liegenden Dörfer wie Floridsdorf, Jedlessee und Kagran. Also beschloss man, alle ihre Arme in ein einziges künstliches Flussbett zusammenzulegen und damit die ständige Gefahr zu bannen. Dazu wurden 13 Kilometer Land durchstochen. Das neue Flussbett rückte die Donau wieder näher an die Stadt heran, aber nicht so nahe, wie der schiffbare Hauptarm im Mittelalter gewesen war. Das neue Bett bestand aus dem eigentlichen Strombett von 285 Metern Breite und dem Inundationsgebiet (Überschwemmungsgebiet) von 475 Metern Breite. Es wurde zur Zeit der Schneeschmelze regelmäßig überschwemmt, im Sommer diente die »Donauwies'n« als Erholungsgebiet. Es stellte sich aber bei den Hochwässern von 1897 und 1899 heraus, dass der Schutz nicht ausreichte. Das bestätigte sich 1954 nochmals auf dramatische Weise.

Erst 1972 nahm man die Verbesserungen in Angriff. Im Inundationsgebiet wurde ein neues, 210 Meter breites Entlastungsgerinne geschaffen. Mit dem Aushubmaterial schüttete man zwischen dem Hauptstrom und dem Entlastungsgerinne die Donauinsel auf. Das Entlastungsgerinne (Neue Donau) ist ein stehendes Gewässer und durch Wehranlagen geschützt. Nur bei Hochwasser verwandelt es sich in einen Fluss, der selbst bei einer Katastrophe wie im Jahre 1501 die Fluten ohne größeren Schaden an Wien vorbeileiten würde.

Heute sind die 21 Kilometer lange Insel und die Neue Donau gar nicht mehr wegzudenken. Sie wurden einige Jahre nach ihrer Entstehung zu Wiens Badestrand, einem großflächigen Erholungs- und Vergnügungsort.

Das Islamische Zentrum am Bruckhaufen

Das Islamische Zentrum

Von der U-Bahn-Station Neue Donau fahrt ihr links hinüber zum Bruckhaufen. Dort findet ihr das islamische Zentrum mit der Moschee. Joey sagt, dass die Beziehungen Wiens zur islamischen Welt recht lange zurückreichen, wenn sie auch nicht immer freundlicher Natur waren.

»Im 18. Jahrhundert lebten schon recht viele türkische Kaufleute in Wien. Nach dem Toleranzpatent Kaiser Josephs II. im Jahre 1782 hätten sie schon damals eine Moschee errichten dürfen. Das Patent gestattete nämlich ›akatholischen Religionsgemeinschaften‹ den Bau eines eigenen Bethauses, sofern sie mindestens hundert Familien umfassten.«

Offenbar gaben sich diese Kaufleute aber mit Gebetsräumen in ihren eigenen Häusern zufrieden. Als ab dem Jahr 1888 Soldaten aus Bosnien in Wien stationiert wurden, richtete man für sie in den Kasernen Beträume ein. Ab 1891 gab es sogar einen eigenen Militär-Imam (Geistlichen). Damals wollte man schon eine Moschee bauen, der Kaiser hatte sogar eine schöne Geldsumme dafür bereitgestellt, und die Stadt wollte ein Grundstück hergeben. Der Plan wurde trotzdem nicht weiter verfolgt, und nach dem Ersten Weltkrieg gab es fast keine Muslime mehr in Wien. Das änderte sich nach dem Zweiten Weltkrieg wieder.

Im Jahr 1979 war es dann so weit: Das Islamische Zentrum am Bruckhaufen wurde für die 17.000 damals in Wien lebenden Muslime, Gastarbeiter und Studenten feierlich eröffnet. Es ist bis jetzt das einzige islamische Gebäude in ganz Österreich, dessen Äußeres einer typischen Moschee entspricht. Die Kuppel ist 16 Meter hoch, das Minarett 32 Meter.

Joey erklärt dir, dass du die Moschee als Gast besuchen darfst. Es gibt montags, dienstags und donnerstags am Vormittag einstündige Führungen.

»Du musst dazu aber richtig angezogen sein: Kurze Hosen oder Röcke und Kleider mit tiefem Ausschnitt sind unerwünscht. Mädchen und Frauen müssen ein Kopftuch oder einen Schal tragen. Vor dem Betreten der Gebetsräume musst du deine Schuhe ausziehen, denn drinnen liegen überall Teppiche auf dem Boden.«

Donaupark und Donauturm

Es geht wieder weiter! Ihr radelt den Hubertusdamm (Rollerdamm) entlang zum Donaupark. Der Hubertusdamm reicht von der Moschee bis zur UNO-City (am Hubertusdamm). Er begrenzte früher das alte Überschwemmungsgebiet.

Bis zum Jahr 1960 wurden weite Teile des Gebietes zwischen der Siedlung Bruckhaufen, der Arbeiterstrandbadstraße, dem Hubertusdamm und der Wagramer Straße in der Donaustadt (22. Bezirk) als Mülldeponie verwendet, obwohl es nur vier Kilometer Luftlinie vom Stephansplatz entfernt liegt. Als ein Areal für die für 1964 geplante Wiener Internationale Gartenschau (WIG 64) gesucht wurde, fiel die Wahl auf dieses Gelände. Eine schöne Parkanlage entstand.

Als neues Wahrzeichen wurde der 252 Meter hohe Donauturm auf einem acht Meter in die Tiefe reichenden Fundament errichtet. Etwa eine halbe Million Menschen fahren pro Jahr mit einem Schnellaufzug 150 Meter hinauf zur Aussichtsterrasse. Von dort siehst du weit über Wien und seine Umgebung hinaus: die ganze Donaulandschaft mit den ehemaligen und heutigen Donauarmen, und an klaren Tagen auch noch den Schneeberg im Süden und die Stadt Bratislava im Osten. Oben gibt es zwei Restaurants, die sich langsam um die Turmachse drehen.

Joey lacht: »Stell dir vor, da oben kann man sogar heiraten. Ein Standesbeamter kommt auf Wunsch hinauf!«

Der Donauturm mit dem Papstkreuz

Anlässlich des Wienbesuches von Papst Johannes Paul II. im Jahre 1983 wurde am Fuß des Turms eine Messe auf der »Papstwiese« zelebriert, an der rund 300.000 Gläubige teilnahmen. Man errichtete zu dem Anlass das 40 Meter hohe und 56 Tonnen schwere Stahlkreuz, das als Papstkreuz bekannt ist. Die Wiese wird vom Salvador-Allende-Weg durchquert und ist ein beliebter Treffpunkt für zahlreiche Sport- und Freizeitaktivitäten.

Die UNO-City

Als 1990 die Pfadfinder zwei Tage lang völkerverständigende Gruß- und Friedensbotschaften rund um die ganze Welt funkten, diente ihnen der Turm als Funkstation.

Ihr radelt weiter in Richtung Reichsbrücke und könnt die Skyline des neuen Hochhausviertels bewundern. Die Donau City liegt unmittelbar neben der Reichsbrücke am linken Donauufer. 1979 wurde die UNO-City (Vienna International Center) eröffnet. 1987 folgte daneben das von Staat und Stadtverwaltung finanzierte Kongresszentrum Austria Center Vienna (ACV). Durch den Bau der Donauplatte, der Überplattung der Donauuferautobahn, wurde das Areal der Donau-City vergrößert. Der Grundstein für das erste Gebäude, den Andromeda-Tower (Höhe 113 Meter), wurde 1995 gelegt. Es folgten und folgen noch etliche andere Hochhäuser, darunter der Saturn-Tower (95 Meter), die beiden DC Tower 1 (220 Meter plus 28 Meter Antenne) und 2 (168 Meter – der DC Tower 2 ist noch in Planung), der Ares-Tower (100 Meter), der IZD-Tower (130 Meter) und der Mischek-Tower (110 Meter), in denen sich Büros, aber auch Wohnungen befinden. In Wiens erstem Wissenschafts- und Technologiepark, dem Tech Gate Vienna, haben sich Hightech-Unternehmen niedergelassen. Einkaufszentren und Restaurants, Arztpraxen, eine Schule und eine Kirche sind in dem neuen Stadtteil ebenfalls vorhanden.

Ihr kommt auf eurer Radtour dort aber gar nicht hin, sondern bleibt unten an der Donau, wo ihr bald die beliebte Copa Cagrana erreicht. Sehr gepflegt schaut dieses Ferienparadies nicht aus, die kleinen Gebäude mit ihren Lokalen und die Verkaufsstände vertragen leicht ein bisschen Putz. Zwischen dem Magistrat und den Pächtern gibt es immer wieder Streit, wenn die Bauvorschriften oder die hygienischen Auflagen nicht eingehalten werden. Die Copa Cagrana gehört trotzdem inzwischen zu Wien wie der Stephansdom, hier kommt

Donauwellenfassade des DC Towers 1

Restaurant an der »Copa Cagrana«

Urlaubsstimmung auf. Auf der Promenade gibt es sogar einen Fahrradverleih mit großer Auswahl.

Vorbei an der größten schwimmenden Trampolinanlage der Welt fahrt ihr unter der Reichsbrücke durch. Die Promenade führt stromabwärts, parallel zum Kaisermühlendamm und entlang der Donauuferautobahn weiter. Hier könnt ihr radeln, radeln, radeln – so viel euer Herz begehrt. Am Kaisermühlendamm/Am Wehr 1 findet ihr den Wasserskilift Neue Donau (Ski Nautica, Wakeboard-Lift): Hier wirst du nicht von einem Motorboot gezogen, sondern von einer Art Schlepplift. Fällst du ins Wasser, so kannst du entweder zurückschwimmen oder über die Praterbrücke zurückgehen.

Die Donauinsel

Unterhalb der Autobahn führt der Radweg über ein eigenes Geschoß zur Donauinsel, wo es nun stromaufwärts weiter geht. Hier ist es eher ruhig, daher haben sich viele Tiere ange-

Die »Sunken City« mit dem Leuchtturm

siedelt: Hasen, Füchse und Rehe wanderten über die Wehrbrücken ein, und Biber haben sich auf vorgelagerten Inseln Burgen gebaut. Alle zwei Kilometer hat man Feuchtbiotope angelegt, damit Frösche und andere Amphibien von einem zum anderen wandern können. Das größte heißt Tritonwasser (nach dem Meeresgott Triton) – du fährst einen halben Kilometer an ihm entlang.

Dann geht es, diesmal auf der Insel, wieder unter der Reichsbrücke durch. Ab hier sind schon mehr Leute unterwegs: Radler, Jogger, Inlineskater und Hundebesitzer, im Sommer die Wasserratten. Und gegen Abend oder am frühen Morgen natürlich die Partygäste der Sunken City, die ja auch zur Copa Cagrana gehört. In den Restaurants und Bars werden im Sommer die Nächte durchgefeiert. Und vielleicht kommt auch das Donauweibchen manchmal hierher, um abzutanzen.

Der Leuchtturm (max.tower) bei der Sunken City ist ein ehemaliges Bühnenrequisit. Er spielte seinerzeit in der Oper »Der fliegende Holländer« von Richard Wagner auf der Bregenzer Festspielbühne mit. Danach brachte man ihn nach Wien, wo er lange beim technischen Museum stand. Da auf der Donauinsel das Aufstellen von Sendemasten verboten war, sorgten die Mobilfunk-Betreiber für seine Übersiedlung zur Sunken City, wo sie ihn als Standort für Antennen und eine Richtfunkschüssel benützen.

Das Donauinselfest

Am ersten Sommerwochenende Ende Juni kommen mehr Leute zur Donauinsel, als Wien Einwohner hat: Hier findet bei freiem Eintritt drei Tage lang die größte Strandparty der Welt statt, die rund drei Millionen Gäste anzieht. Das Festgelände erstreckt sich über 6,5 Kilometer von der Reichsbrücke bis zur Nordbrücke. Auf den zahlreichen, über das ganze Areal verteilten Bühnen treten bekannte Musiker der verschiedensten Musikrichtungen auf, so etwa Madonna bei ihrem ersten Österreich-Gastspiel oder im Mai 1992 an zwei aufeinanderfolgenden Tagen U2 und Guns N' Roses. Überall stehen Imbissstände, damit niemand verhungern oder verdursten muss, und jede Menge Ramsch gibt es auch. Manche Gäste flüchten bald, weil es ihnen zu eng auf der Insel wird, andere kommen gerade deshalb hierher.

Jetzt aber ist es ruhig, und ihr radelt weiter, unter der Brigittenauer- und Nordbahnbrücke hindurch.

»Was für ein großes Schiff liegt denn da vorne links am Ufer?«

Das Schulschiff

Joey erklärt dir zu deinem größten Erstaunen, dass das eine Schule ist, einmalig in ganz Europa.

»Zuerst wollte man die Schule sogar als fahrbares Schiff

Das Schulschiff

bauen. Es sollte entlang des Wiener Donauraums immer dort vor Anker gehen, wo gerade der größte Mangel an Schulraum herrschte. Aber dann begnügte man sich doch damit, es fest zu verankern. Es wurde von der Schiffswerft Korneuburg in Form eines Katamarans gebaut, auf dem sich die Unterrichts-, Verwaltungs- und Nebenräume befinden und dessen zwei Schiffsrümpfe durch zwei Verbindungsgänge miteinander verbunden sind. Die schwimmende Dreifachturnhalle ist an die Schiffskörper angekoppelt. Strom, Trinkwasser und Telefonverbindung bezieht das Schiff über die Donauinsel, die Heizung und die Warmwasseraufbereitung erfolgen mittels einer Wärmepumpe. Die anfallenden Abwässer werden über eine biologische Kläranlage an Bord des Schiffes aufbereitet.

Die hier untergebrachte Schule ist das Bundesgymnasium und Bundesrealgymnasium GRG 21 ›Bertha von Suttner‹. Die Namensgeberin, eine Schriftstellerin und Pazifistin, wurde 1905 mit dem Friedensnobelpreis ausgezeichnet.«

Dann macht dich Joey auf ein Hochhaus aufmerksam, das auf der anderen Seite der Donau, auf der Stadtseite, zu sehen ist.

Der Millennium Tower

Der Büroturm Millennium Tower am Handelskai Nr. 94–96 im 20. Wiener Gemeindebezirk war mit einer Höhe von 202 Metern bis zur Spitze und 50 Stockwerken bis zur Fertigstellung des DC Tower 1 das höchste Bürogebäude Österreichs, es überragt den Stephansdom um fast 70 Meter. Etwa 150 Firmen haben sich hier eingemietet. In den untersten beiden Geschoßen sind Geschäfte, Restaurants und ein Multiplex-Kino untergebracht. Unter dem Schlagwort »Waterfront Vienna« soll das rechte Donauufer in Zukunft noch durch weitere moderne Projekte verschönert werden.

202 Meter ragt der Millennium Tower in den Himmel

Jetzt seid ihr wieder bei der Floridsdorfer Brücke, von wo aus ihr eure Tour begonnen habt, und seid sicher müde.

Joey lacht: »Jetzt gibt es für jeden von uns eine große Portion Eis zur Belohnung! Einverstanden?«

Vom Museumsschiff zum Friedhof der Namenlosen

Heute hat Joey einen großen Rucksack dabei: »Sei nicht so neugierig, du wirst schon noch früh genug sehen, was da drinnen ist! Wir sind heute wieder an der Donau unterwegs.«

Die Frédéric Mistral

Zuerst nehmt ihr die U2 bis zur Station Donaumarina und steigt um in den Bus 79B oder 80B. Bei der Station Lindmayer/Friedenspagode steigt ihr aus und geht über die Brücke hinunter zum Donauufer.

Das Kaiserschiff

»Ah, wir gehen zu dem Schiff da vorne, richtig?« Du hast es erraten, dort liegt die Frédéric Mistral. Auf dem Weg kramt Joey im Rucksack herum, und zieht nach einer Weile eine Kapitänsmütze heraus, die zwar ein bisschen zu groß ist, aber doch sehr wichtig aussieht.

Dieses Dampfschiff wurde 1914 in Holland gebaut, auf den Namen Columbia getauft und fuhr bis 1918 unter der Flagge der Ungarischen Fluss- und Seeschifffahrt auf der Donau. Kaiser Franz Joseph höchstpersönlich sollte es für seine Inspektionsreisen auf der Donau verwenden, daher verfügt es über einen ungewöhnlich großen und eleganten Salon und eine geheime Kabine. Ob und wie oft er sich aber in seinen beiden

Auf dem Museumsschiff

letzten Lebensjahren während des Ersten Weltkriegs tatsächlich einschiffte, ist nicht bekannt.

Das Schiff ist über 26 Meter lang und fast 5,5 Meter breit, sein Tiefgang beträgt 1,8 Meter. Es ist – mit Ausnahme der Brücke – sehr robust aus Stahl gebaut, wiegt 145 Tonnen und kann eine Last von bis zu 37 Tonnen befördern. Für ein Donauschiff hat es recht günstige Maße, es kommt mit acht Mann Besatzung aus. Die Dreizylinder-Dreifachexpansions-Kolbendampfmaschine hat eine Leistung von 250 PS, womit das Schiff eine Maximalgeschwindigkeit von 24 Knoten (26 Kilometer) pro Stunde erzielt.

Das Kaiserschiff musste nach dem Ersten Weltkrieg als eine der Wiedergutmachungen den Franzosen übergeben werden, die es nach dem Schriftsteller Frédéric Mistral umbenannten. Joey zeigt dir auf dem Schornstein die Buchstaben SFND (Société Française de Navigation Danubienne). Sie bezeichnen eine französische Geheimdienstabteilung, die zwischen den beiden Weltkriegen auf der Donau Kundschafterdienste verrichtete.

Joey als Schiffssachverständiger stellt fest: »Das Schiff ist für sein Alter in recht gutem Zustand. Das Donauwasser ist für Eisen aber auch weniger schädlich als Meerwasser.«

Im Jahre 1998 entdeckten zwei Österreicher das Schiff in Rumänien, kauften es und schleppten es mit dem 50 Jahre alten Dieselschlepper Josef nach Wien. Es wurden sogar Fahrten unternommen, allerdings erlaubte dies der Zustand des Kessels bald nicht mehr, und so diente es als Wohnschiff. Vor Kurzem baute man es zu einem Museumsschiff um. Da es aber Probleme mit der Hafenbehörde gibt, wird das Schiff möglicherweise übersiedeln müssen – vielleicht nach Korneuburg. Der Traum einer Fahrt durch Europas Wasserstraßen scheint sich auch dann nicht zu erfüllen, wenn es fahrtauglich ist – es gibt heute überall zu viele Vorschriften, die es seines Alters wegen nicht erfüllt.

Die Friedenspagode

»Komm, wir gehen gleich weiter zu unserem nächsten Ziel«, sagt Joey, »es ist gleich da vorne!« Joey läuft vor und verschwindet hinter einem fernöstlichen Stupa, der Friedenspagode, um zwei Minuten später in einem orangefarbenen Gewand zu erscheinen. »Das ist die typische Kleidung der Buddhisten. Sie besteht aus drei Teilen: dem Obergewand (Sanghati), dem Gewand (Uttarasanga) und dem Untergewand (Antaravasaka). Außerdem dürfen die Mönche noch ein Leibchen (Msaka) und einen Gürtel (Kaya-bandha) besitzen. Die Kleider können orange, gelb, dunkelrot, schwarz oder weiß sein.« Dann erklärt Joey, was es mit dem Bauwerk auf sich hat. »Ein indischer Stupa war ursprünglich ein Erdhügel, den man über einem Grab aufhäufte. In die Mitte wurde ein Stab gesteckt, als direkte Verbindung zum Universum. Hier ist aber

Die erste Friedenspagode Europas

natürlich niemand begraben. Die Friedenspagode ist kein Gotteshaus, sondern ein Symbol für Frieden und Ruhe. Hat man dafür nicht einen guten Platz gefunden, neben den Fischkuttern und durch die Lärmschutzmauer vom Straßenlärm abgeschirmt?«

Die Pagode wurde 1983 errichtet, als Österreich als erstes europäisches Land den Buddhismus als Religion anerkannte. Sie war die erste Friedenspagode in ganz Europa und ist mit ihren 28 Metern Höhe eine der höchsten. Ihr Grundriss hat einen Durchmesser von 16 Metern. Die Buddha-Statue in der Mitte ist drei Meter hoch. Joey geht mit dir die Stufen hinauf, ihr lauft rundherum.

Der Religionsstifter Buddha

»Schau die Reliefs an, da siehst du die Lebensgeschichte des Religionsgründers Siddhartha Gautama: von seiner Geburt an über sein Erwachen und seine Lehrtätigkeit bis zum Tod. Er lebte im 6. vorchristlichen Jahrhundert in Indien. Als sein Vater, ein großer Fürst, anlässlich der Geburt seines Sohnes ein großes Fest feiern ließ, erschien ein alter, weiser Mann. Er konnte die Zukunft des Knaben voraussehen und weissagte, dieser würde ein Mann von Bedeutung werden. Dass er seine großen Taten nicht miterleben würde, stimmte ihn traurig.

Als Siddhartha älter wurde, verließ er den Palast seines Vaters. Mit kurz geschorenen Haaren und in einfacher Mönchskleidung dachte er über das Leid in der Welt nach. So erwachte er zu vollkommener Weisheit (Prajna) und unendlichem Mitgefühl (Karuna) mit allem Lebendigen. Buddha bedeutet: der Erwachte.«

Joey kennt ein Gedicht von ihm und rezitiert:

Alle Wesen scheun Bedrückung,
bangen vor des Todes Nöten.
Gleich wie du ist jedes Wesen!
Töte nicht und lass nicht töten!

Alle Wesen scheun Bedrückung,
alle um das Leben beten.
Gleich wie du ist auch der andre!
Töte nicht und lass nicht töten!

Dann fügt Joey hinzu: »Ich wünschte, alle Menschen wären Buddhisten! Denn die haben noch nie einen Krieg geführt.«

Der Friedhof der Namenlosen

Falls du nicht mit dem Fahrrad unterwegs bist, nimmst du den Bus 80B bis zur Haltestelle Kaiserebersdorf, wo du in den 76A umsteigst und bis zum Alberner Hafen fährst. Die Molostraße zwischen Getreidespeichern, Speditionshallen und einem Zementwerk entlang geht es zu einem grünen Hügel, hinter dem eine Kapelle steht. Sie ist weiter nicht bemerkenswert, aber im August 2002 stieg während eines Dauerregens das Grundwasser und überschwemmte sie. Dabei hob das Wasser auch den Tisch hoch, doch die Vase und die Marienstatue blieben wunderbarer Weise aufrecht auf ihm stehen.

Joey ist plötzlich verschwunden, kommt aber nach wenigen Minuten hinter der Kapelle hervor, doch in welchem Zustand! Du bist wahrhaftig entsetzt. Von zerrissenen, grau-

Eingang zum Friedhof der Namenlosen

grünen Kleidern hängen Algen herab, in der löchrigen Kapuze zappelt sogar ein lebendiger Fisch!

Die Wasserleiche Joey beginnt zu sprechen: »Einen Friedhof der Namenlosen gab es bereits ab 1840, nur an anderer Stelle – dort, wo sich jetzt die Verschubgeleise des Alberner Hafens befinden. Nur ein einsames Kreuz erinnert an die 478 Opfer der Donau. Da der alte Friedhof immer wieder überschwemmt worden war, verlegte man ihn um 1900 hierher hinter den Hochwasserschutzdamm und errichtete um 1935 die Kapelle. Seitdem hat man hier 104 Wasserleichen in einfachen Holzsärgen zur letzten Ruhe gebettet, von 61 Personen kennt man nicht einmal die Namen.«

Da ja niemand diese Leute gekannt hat, hält sich deine Trauer in Grenzen. Es sind Unfallopfer und Selbstmörder. »Aber sag, weiß man wenigstens von einem Toten, weshalb er ins Wasser ging?«

»Eine der traurigen Geschichten kenne ich genau«, sagt Joey und erzählt.

Die Geschichte von Arnold und Vreni

Grab eines Unbekannten

Es ist noch keine 100 Jahre her, da gab es in Wien ein Liebespaar: Arnold Moser, der aus einer sehr wohlhabenden Familie stammte, und die schöne, blondhaarige Verena, Vreni genannt. Sie verlobten sich heimlich, und Arnold schenkte seiner Vreni einen Goldring, in den die Buchstaben »A. f. V.« (Arnold für Vreni) eingraviert waren. Da Vreni aber arm war, verbot Arnolds Vater die Heirat, und schließlich verzichtete der junge Mann auf seine Liebste. Die unglückliche Vreni verstand die Welt nicht mehr. Ein paar Wochen später bemerkte sie, dass sie schwanger war. Das galt damals bei unverheirateten Mädchen noch als große Schande, sodass sie keinen Ausweg mehr wusste. Sie schrieb Arnold, sie würde ihm den Ring eines Tages zurückgeben, und stürzte sich an einem grauen Novembermorgen des Jahres 1931 ins eiskalte Wasser der Donau.

Arnold, der nie aufgehört hatte, sie zu lieben, erfuhr nichts davon. Er wanderte nach Amerika aus, um seinen Vater und seinen Kummer wegen der verlassenen Braut zu vergessen. Viele Jahre später kehrte er nach Wien zurück und begann, Nachforschungen anzustellen. Da entdeckte er, dass zur Zeit von Vrenis Verschwinden eine weibliche Wasserleiche gefunden und hier begraben worden war. Sie hatte einen Ring mit der Gravur »A. f. V.« am Finger getragen. Es gab gar keinen Zweifel, das musste Vreni gewesen sein!

Schmiedeeiserne Kreuze

Arnold kaufte ein Haus in der Nähe des Friedhofs, um das Grab seiner Liebsten täglich besuchen zu können. Wenn er im nahen Gasthof einkehrte, sprach er selten mit den anderen Gästen, nur manchmal erzählte er die traurige Geschichte. Er war überzeugt, dass er eines Tages den Verlobungsring zurückbekommen würde, denn Vreni hatte es ihm ja in ihrem letzten Brief versprochen.

Inzwischen war er ein alter Mann geworden, als er im Jahre 1986 wieder einmal Vrenis Grab besuchte. Da wurde er von einem heftigen Unwetter überrascht und konnte nur mehr bei einem Fischer in dessen Hütte Zuflucht finden. Zur Geisterstunde wurde der Fischer aus seinem Schlaf gerissen – seine ganze Hütte war von gleißendem Licht erfüllt. Er sah, wie eine junge, schöne Frauengestalt mit blonden Zöpfen auf Arnold zuging, sich einen Ring vom Finger zog und ihn seinem Gast auf den kleinen Finger der linken Hand steckte. Arnold stand auf und folgte der Frau in die Nacht hinaus. Der verblüffte Fischer ging zum Fenster. Da sah er das Paar, umgeben von hellem Licht, Arm in Arm auf die Donau zugehen, in deren Fluten es verschwand.

Einige Wochen später wurde aus Ungarn der Fund einer männlichen Wasserleiche gemeldet. Der Mann trug einen Ring mit der Gravur »A. f. V«. an seinem linken kleinen Finger.

»Woher kennst du die Geschichte?«, willst du von Joey wissen.

»Der alte Totengräber hat sie mir erzählt, Josef Fuchs, der 1996 gestorben ist. Er arbeitete seit 1930 hier, zuerst im Auftrag der Gemeinde und später unbezahlt. Er war es, der an jedem Grab ein schmiedeeisernes Kreuz mit einer weißen oder silbernen Christusfigur angebracht hat. Seit seinem Tod kümmert sich sein Sohn, der auch Josef heißt, um den Friedhof.«

Am ersten Sonntag nach Allerheiligen findet hier alljährlich eine Gedenkfeier für die Ertrunkenen statt. Die Donaufischer lassen dann ein Floß mit Blumen, Kränzen, Kerzen und einem Schild mit der Aufschrift »Den Opfern der Donau« zu Wasser.

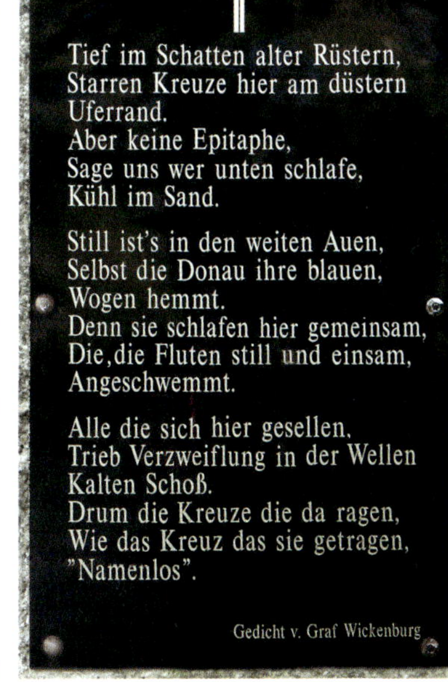

Grabstein mit Gedicht

Oberlaa: Pack die Badesachen ein

An deinem Geburtstag läutet es schon um acht Uhr früh an deiner Tür. Joey steht davor, bepackt mit einem Blumenstrauß und einer Badetasche. »Hallo, alles Gute zum Geburtstag. Weißt du was? Wir gehen heute schwimmen.«

»Bei dem Wetter? Es ist doch viel zu kühl.« Aber du packst doch die Badesachen ein.

Joey meint: »Wir können mit dem Fahrrad fahren, oder ist es dir zu windig?«

Eigentlich schon, daher geht ihr zur U1, mit der ihr (ab 2017) direkt bis nach Oberlaa fahrt. Bis dahin müsst ihr am Reumannplatz umsteigen und mit der Autobuslinie 68B bis zum Kurpark Oberlaa weiterfahren, der mit seinen 860.000 Quadratmetern einer der größten Parks von Wien ist.

Der Kurpark Oberlaa

»Der Kurpark Oberlaa ist auch einer der schönsten Parks«, sagt Joey. »Das war einmal ein recht verwahrlostes Ziegel-Areal. Als es aber zum Ausstellungsgelände für die Wiener Internationale Gartenschau des Jahres 1974 gewählt wurde, gestaltete es der Frankfurter Gartenarchitekt Erich Hanke um. Man legte hier typische Gartenlandschaften verschiedener Länder an. Die Schau war ein großer Erfolg. Danach machte man die öffentliche Parkanlage daraus, die von frühmorgens bis abends bei freiem Eintritt geöffnet ist. Sie ist beliebt bei Groß und Klein, selbst Hunde dürfen hier herein (Leinenzwang).«

»Lass uns zuerst den Plan anschauen, sonst gehen wir womöglich noch verloren!«, rät Joey.

»Oh, da gibt es ganz oben links einen großen Spielplatz!

Das ehemalige Ausstellungsgelände der Internationalen Gartenschau

Nichts wie hin, da können wir uns austoben, damit uns warm wird«, bemerkst du.

Ein paar Kinder sind schon da. Ein Mädchen betätigt den Sandbagger, ein anderes fährt Auto. Zwei kleine Buben kullern in einem Netz herum, es gibt Brücken und Rutschen. Sogar ein behinderter Bub spielt hier mit seiner Schwester, denn der Platz ist barrierefrei. Es gibt auch eine Riesenschaukel. Daneben hat man für ein großes Skate-Areal gesorgt, wo ein paar Jugendliche ihre Künste zeigen, und auch ein Beachvolleyballplatz ist da.

»Schnauf, jetzt ist mir aber heiß geworden. Gehen wir, ich möchte mir gern die Filmstadt anschauen!«, sagt Joey. Also

Der Spielplatz im Kurpark Oberlaa

geht ihr zum anderen Teil des Gartens hinüber, wo sich die Rosenhügel Filmstudios befinden. Joey erklärt: »Hier wurden sehr berühmte und sehr aufwendige Stummfilme gedreht, darunter der Monumentalfilm ›Samson und Delila‹ (1922). Bei den Dreharbeiten waren jeweils 300 bis 500 Darsteller dabei, bei Massenszenen sogar um die 3000. Tausende Handwerker, Architekten, Dekorateure, Bildhauer, Stuckateure, Bühnenbauer, Pyrotechniker, Kameramänner, Friseure, Maskenbildner, Schneider, Hilfsarbeiter und Statisten, darunter viele Arbeitslose und Kinder, waren während der drei Jahre dauernden Dreharbeiten hier beschäftigt. Alleine für den Bau der Kulissen wurden einige Tausend Arbeiter benötigt. Für einige Szenen wurden sogar Pferde hergeschafft. Die Sascha-Filmindustrie AG (gegründet von Alexander »Sascha« Kolowrat) gehörte damals zu den erfolgreichsten Filmproduzenten Europas.«

»Diese Filme würde ich gerne sehen, ist das möglich?«, willst du wissen.

»Ja, im Sommer werden einige hier im Gelsenkino aufgeführt, unter freiem Himmel und in Anwesenheit unzähliger Stechmücken.«

Ihr geht weiter und seht gleich neben dem Filmgarten die Österreich-Landschaft und dahinter den Allergiegarten: Auf einer Allergie-Info-Meile lernst du Wissenswertes über Pflanzen und Allergien kennen, vor allem über die verschiedenen Pollenflugzeiten.

Weiter vorne kommt ihr zum Takasakipark, dem japanischen Beitrag zur Gartenschau, der auf Wunsch der Stadt Takasaki hier nachgebaut wurde.

Danach geht es zum barocken Brunnengarten, das war der deutsche Nationen-Garten. Joey zeigt dir auch das Blumenlabyrinth: »Es misst 18 Meter im Durchmesser. Keine Angst, du kannst dich nicht verirren, denn es gibt nur einen einzigen Weg hindurch.«

Der Liebesgarten ist ganz in weiß gehalten, viele Hochzeitspaare lassen sich hier fotografieren. Im Staudengarten wachsen mehr als 11.500 Stauden. Als ihr zur Liegewiese kommt, probiert Joey sie aus, steht aber gleich wieder auf: »Zum Liegen ist es heute einfach zu kalt, schade! Lass uns also lieber zum Streichelzoo gehen. Da gibt es zehn freche Ziegen, 15 Schafe, 50 Gänse, 30 Hühner, drei Pfauen und zahlreiche Tauben im Taubenschlag.«

»Und jetzt gehen wir schwimmen!«, sagt Joey, nachdem ihr die Tiere besucht und gestreichelt habt.

Die Therme

»Das warme Schwefelwasser war schon immer da«, erzählt dir Joey auf dem Weg zum Kurzentrum, »vielleicht haben ja schon die Römer hier gebadet. Danach kümmerte man sich lange nicht mehr darum. Wenn man bei Brunnenbohrungen statt auf frisches Trinkwasser darauf stieß, ärgerte man sich sogar, denn man konnte ja gar nichts damit anfangen. Im Jahre 1934 wurde bei Ölbohrungen die Quelle selbst gefunden. Es sollte aber noch 30 Jahre dauern, bis man sie erschloss. Ihr Schwefelgehalt beträgt etwas über 60 Milligramm pro Liter und die Quelltemperatur 54 Grad Celsius. Der Kurbetrieb begann 1969, fünf Jahre später wurde das Kurzentrum als einzige Therme Wiens eröffnet.«

Als ihr zur Kasse kommt, siehst du, dass das Vergnügen nicht gerade billig ist, aber Geburtstag hast du schließlich nur ein Mal im Jahr. Joey macht darauf aufmerksam, dass Kinder montags (ausgenommen feiertags) gratis hineinkönnen, sofern das Kind unter 14 Jahre alt und in Begleitung eines (zahlenden) Erwachsenen ist.

Ihr tretet ein und seht euch überall genau um. Es ist beeindruckend! Abgesehen von der Bademöglichkeit in den verschiedenen Becken im Innen- und Außenbereich mit stets angenehm warmem Wasser hat sich die Therme etwas Besonderes für Kids einfallen lassen: den Bewegungsstein. Hier könnt ihr euch austoben, dürft lärmen, lachen und quietschen. Wie Riesenwürmer schlängeln sich die Rutschen in die Therme, und in der Wildnis des Gartens warten Abenteuer. Es gibt einen Kreativraum namens BauStein, den Theaterraum Bühnenzauber, den Spielraum IdeenReich, den Bewegungsraum Purzelbaum. Und natürlich das Kinderspektakel, das Animationsprogramm, und zwar an jedem Nachmittag – und samstags sogar den ganzen Tag lang. Du kannst Filme sehen, jonglieren und tanzen, Theater spielen, bei Wettspielen, Tauch- und Schwimmspielen mitmachen. Das alles ist im Eintrittspreis enthalten. Natürlich kann man in der Therme auch gut essen und trinken.

Kurpark Oberlaa

Die Kurkonditorei

Stunden später kommst du mit Joey entspannt aus der Therme. Ihr habt noch Lust auf ein großes Stück Torte, süß und mit viel Schokolade und Trüffeln, denn so eine hat es in der Therme nicht gegeben.

»Gehen wir noch zur Kurkonditorei, ja? Ihr Stammhaus steht in der Kurbadstraße Nr. 12.«

Ihr esst zufrieden und vor lauter Herumschauen recht schweigsam eure Torte, zu der ihr Kakao mit Schlagobers trinkt. All diese mit natürlichen Zutaten bereiteten Köstlichkeiten, die zu sehen und zu naschen sind, lassen Kinder-(und Erwachsenen-)herzen höherschlagen: Torten aller Art, davon einige gluten- oder lactosefrei für empfindliche Kurgäste, mannigfaltige Kuchen, zum Teil belegt mit Früchten der Saison.

Die berühmten bunten LaaKronen, die lustigen Saisonfiguren (Silvester, Fasching, Krampus, Nikolo) und der köstliche Konfektstollen eignen sich übrigens hervorragend als Mitbringsel und als Weihnachts- oder Muttertagsgeschenk. Sie sind auch in den acht Filialen der Konditorei erhältlich, eine davon ist auf dem Neuen Markt.

Als du am Abend nach Hause kommst, müde und mit vollem Magen, sagst du beim Abschied zu Joey: »So einen Geburtstag hätte ich gerne öfter im Jahr!«

Auf den Spuren berühmter Leute

Schubert in Lichtental

Die Kindheit in der Vorstadt

An einem verregneten Tag kommt Joey mit einer CD in der Hand zu dir nach Hause: Lieder von Franz Schubert. Das sagt dir nicht allzu viel, aber ihr hört euch zwei davon an, »Die Forelle« und »Der Erlkönig«, beide mit Klavierbegleitung.

»Mach die Augen zu«, sagt Joey, »dann hörst du den Sturm, das galoppierende Pferd und die Geister. Du siehst das kranke Kind – wer reitet so spät durch Nacht und Wind?«

Du folgst seinem Rat. Als du die Augen wieder öffnest, stehst du im alten Wien neben dem jungen Franz Schubert, in den sich Joey diesmal verwandelt hat, und hier regnet es nicht.

Der kleine, pummelige Knabe (Schubert war nur 1,60 Meter groß) trägt Hose und Jacke, die mehrfach abgeändert und an den Knien und Ellbogen geflickt sind, und abgetragene Schuhe. Über den dicken Lippen sitzt auf der kurzen Nase eine Brille, und das gelockte, etwas fettige Haar macht ihn auch nicht gerade schöner. Kein Wunder, dass ihn seine Freunde »Schwammerl« nennen.

Er führt dich durch ein Haustor in einen belebten Innenhof: »Das ist das Haus ›Zum roten Krebsen‹ (Nußdorfer Straße 54), wo ich am 31. Jänner 1797 geboren wurde. Was ist das nur für ein Lärm hier!«

Ach ja, da kommen Schulkinder herausgerannt und springen über den Hof.

»Mein Vater war früher hier in der Trivialschule (Volksschule) Lehrer. Von jedem Kind bekam er einen Kreuzer Schulgeld pro Woche. Weißt du, für einen Kreuzer kann man

Schuberts Geburtshaus

sich sechs Eier oder zwei Liter Milch kaufen, das ist nicht viel. Aber manche Leute können sich nicht einmal das leisten! Dabei ist es doch wichtig, dass man schon als Kind ein wenig lesen, schreiben und rechnen lernt. Religion wird natürlich auch unterrichtet. Und laut ist es im Hof eigentlich immer.«

Einige Frauen stehen am Brunnen, klatschen über ihre Nachbarn und waschen dabei ihre Wäsche. Ein paar Kleinkinder spielen in einer großen Pfütze, der Säugling im Korb daneben brüllt aus vollem Hals, aber niemand beachtet das. Der Hofhund an der Kette verbellt die Hühner, die sich zu sehr in seine Nähe wagen.

»Hier riecht es abscheulich!«, stellst du fest.

»Ja, es stinkt nach Kohl, Zwiebeln und Unrat, was keinen wundern darf. Hier gibt es 16 Wohnungen«, sagt Franz, »da leben um die 100 Leute.«

Du kannst dir das beim besten Willen nicht vorstellen, das Haus kommt dir nämlich gar nicht groß vor. Aber zu Schuberts Zeiten waren in den winzigen Wohnungen auf nicht mehr als 35 Quadratmetern, Zimmer und Küche, mehrköpfige Familien zusammengepfercht. Von romantischer Vorstadt keine Spur!

Heute sieht das Haus sehr stimmungsvoll aus, es ist sauber und gepflegt. Du solltest es unbedingt besichtigen, im Museum gibt es etliche Erinnerungsstücke an Franz Schubert.

Die Lehr- und Schaffensjahre

Du hast dich in dem Haus nur kurz umgesehen, und als du dich wieder Schubert-Joey zuwendest, ist er um viele Jahre älter geworden, ein junger Mann.

»Meine Mutter«, erzählt er, »hieß Elisabeth. Sie war eine warmherzige Frau und immer für uns fünf Kinder da. Eigentlich wären wir 14 gewesen, aber neun starben früh, das ist ganz normal. Komm mit!«

Er führt dich zur nahen Säulengasse 3, wo man heute eine Gedenktafel sehen kann. Das alte Haus existiert nicht mehr.

»Mein Vater ist ein tüchtiger Lehrer, also konnte er 1801 das Haus ›Zum schwarzen Rössl‹ kaufen und darin seine Schule einrichten. Wir übersiedelten alle hierher. Die nächsten 17 Jahre lebte ich hier, mit Unterbrechungen. Mein Vater gab mir Geigen- und mein Bruder Ignaz Klavierunterricht. Wir musizierten viel zu viert, zusammen mit meinem anderen Bruder Ferdinand. Und ich habe schon komponiert. Hier entstand mein Erlkönig, den du kennst. Schau, da kommt mein Vater heraus, rasch weg hier, ich will jetzt nicht mit ihm zusammentreffen.«

Franz-Joey führt dich über die Nußdorfer Straße zurück bis zur Himmelpfortstiege, welche die höher gelegene Straße (Obere Hauptstraße) mit der tiefer gelegenen Liechtensteinstraße (Untere Hauptstraße, Hauptstraße im Lichtental) über 61 Stufen verbindet. Auf der anderen Straßenseite ein paar Schritte stadteinwärts kommt ihr zur Lichtentalergasse, der ihr bis zur Marktgasse folgt. Nr. 40 ist die Lichtentaler Pfarrkirche, die Schubertkirche, wo Schubert getauft wurde.

»Mein Vater und wir Buben kamen oft hierher, denn wir halfen als Organisten und Chorsänger in der Kirche aus, was für Schullehrer ja ganz selbstverständlich ist. Als ich von meinem Vater nichts mehr lernen konnte, schickte er mich zum Chorregenten Michael Holzer hierher zum Musikunterricht. Wir waren alle mit ihm befreundet.«

»Hast du deine ganze Ausbildung hier bekommen?«, willst du wissen.

»Nein, dazu hätte sein Wissen nicht gereicht. Es war ein Glücksfall, dass ich am 1. Oktober 1808 nach bestandener Aufnahmeprüfung als kaiserlicher Singknabe ins Stadtkonvikt kam (Gedenktafel: 1., Ignaz-Seipel-Platz) und dort gute, ja hervorragende Lehrer hatte. Einer von ihnen war der berühmte Antonio Salieri, von dem ich sehr viel lernte. Während der Zeit kam ich nicht oft nach Hause. Ein paar von meinen Mitschülern wurden meine Freunde und sind es bis heute geblieben. Ich quartiere mich gerne bei dem einen oder anderen für eine Weile ein. Sie schreiben die Texte zu meinen Liedern und helfen mir, meine Musik in Wien bekannt zu machen.«

»Hast du im Stadtkonvikt auch Schulunterricht bekommen?«, fragst du.

Alte Ansicht der Lichtentaler Pfarrkirche

»Ja natürlich, der hat mich aber wenig interessiert, vor allem Mathematik war eine Qual für mich. Als ich in den Stimmbruch kam, musste ich wegen einer Fünf in Mathematik das Konvikt verlassen. Ich besuchte danach auf Wunsch meines Vaters die Bürgerschule in der Annagasse, um Lehrer zu werden, denn sonst hätte man mich vielleicht trotz meiner geringen Größe zum Militär eingezogen. Aber ich beendete die Ausbildung nicht. Daher konnte ich nur als Hilfslehrer bei meinem Vater in der Säulengasse arbeiten – drei harte Jahre lang. Ich habe überhaupt kein Talent dazu! Ich bin nur zum Musizieren auf die Welt gekommen!«

Die verhasste Tätigkeit endete, als Vater Schubert zum Schulleiter in der Rossau bestellt wurde.

Geht man die Liechtensteinstraße stadteinwärts bis zum Palais Liechtenstein, dann durch die Fürstengasse zur Porzellangasse und weiter zur Grünentorgasse Nr. 11, so steht man vor der Schubertschule. An dieser Stelle befand sich bis 1913 das alte Schulhaus, wo Franz bis 1825 seinen Vater wiederholt besuchte, wie ein Marmorrelief im Hausflur berichtet. Bilder seines Geburtshauses und der alten Rossauer Schule sind ebenfalls hier zu sehen.

Als Komponist war Schubert ungeheuer fleißig. Die geselligen Treffen mit seinen Freunden erhielten die Bezeichnung Schubertiaden: Man traf sich abwechselnd bei verschiedenen Familien, wo man gemeinsam musizierte, sang, tanzte, vorlas oder kleine Theaterstücke aufführte. Manchmal wurden auch Landpartien in die Umgebung Wiens veranstaltet.

Sterbehaus und Grab

Es gibt noch ein zweites Schubert-Museum in Wien, in der Kettenbrückengasse. Im August 1828 zog Schubert in ein Hofkabinett in der neuen, noch feuchten Wohnung seines Bru-

Die ursprünglichen Grabstätten Schuberts und Beethovens im Währinger Schubertpark

ders Ferdinand in der Kettenbrückengasse 6, 2. Stock, Tür 17, wo er am 19. November 1828 nach dreiwöchigem Leiden an Bauchtyphus starb. Der Liederfürst wurde in der nahen Josefskirche (5., Schönbrunner Straße 52) eingesegnet und auf dem Währinger Friedhof (heute Schubertpark, Währinger Straße 123–123a) ganz nahe bei Beethovens Grab (es gab nur ein anderes Grab dazwischen) bestattet.

Beide Gräber sind erhalten geblieben, die Gebeine beider Komponisten wurden jedoch 1888 in Ehrengräber auf dem Zentralfriedhof umgebettet.

Schuberts Ehrengrab am Zentralfriedhof

Die Falco–Tour

Die Schulzeit

Joey ist ein Fan von Falco. Er mag seine Songs und findet, dass Falcos Stimme einzigartig war, fast wie eine Opernstimme, aber gemischt mit hörbarer Arroganz und wienerischem Klang. »Sein gutes Aussehen und sein Auftreten passten genau dazu«, sagt Joey. »Gehen wir in die Ziegelofengasse in den 5. Bezirk, da ist Falco aufgewachsen.«

Ihr macht euch gleich auf den Weg, und schon bald steht ihr vor Haus Nr. 26.

»Schade, da steht jetzt ein großes Wohnhaus. Von den alten Häusern ist nichts mehr zu sehen. Als Hansi Hölzel am 19. Februar 1957 geboren wurde, wohnte die Familie auf Nr. 26. Die Gasse und das ganze Grätzel waren damals noch recht vorstädtisch und gemütlich.«

»Hat er schon als Kind gesungen?«, willst du wissen.

Die Ziegelofengasse heute

»Das weniger, aber seine Eltern merkten bald, dass er ein musikalisches Wunderkind mit absolutem Gehör war. Er bekam schon mit vier Jahren ein Klavier, einen Stutzflügel, und Klavierunterricht.«

Falcos Mutter hatte in der Ziegelofengasse ein kleines Lebensmittelgeschäft, da stand sie von früh bis spät drinnen und hatte wenig Zeit für ihren Sohn. Als Hansi 1963 in die Volksschule der Piaristen kam, blieb er deshalb am Nachmittag im Halbinternat.

»Komm, ich zeige dir die Schule. Sie ist gleich da vorne an der Ecke zur Wiedner Hauptstraße (Ecke Ziegelofengasse/ Wiedner Hauptstraße 82). Hansi glänzte schon im ersten Schuljahr bei der Weihnachtsfeier. Er spielte auf dem Klavier zwei Walzer, den ›Donauwalzer‹ und ›Wiener Blut‹, und das ausgezeichnet. Schon damals soll er gesagt haben, er wolle einmal Popstar werden.«

Nach der Volksschule besuchte Hansi das Gymnasium in der Rainergasse 39, gleich neben der Wiedner Hauptstraße, dessen hässliche Fassade dir Joey anschließend zeigt.

Während er dich wieder in die Ziegelofengasse führt, erfährst du mehr über die Gymnasialzeit: »Als Hansi hier zur Schule ging, kümmerte sich niemand besonders um seine Schulerfolge. Der Vater hatte die Mutter verlassen. Sie musste ihr Geschäft wegen der Konkur-

Der Besuch des Gymnasiums konnte Falco nicht begeistern

renz der neuen Supermärkte aufgeben und eine Stelle bei der Firma Columbia im Außendienst annehmen. Sie hatte also noch weniger Zeit für ihren Sohn als vorher. Die liebevolle Großmutter, die aus dem Burgenland nach Wien gezogen war und nun ebenfalls in der Ziegelofengasse wohnte, auf Nr. 37, hatte keine Ahnung von den Gegenständen, für die er hätte lernen sollen. Hansi verbrachte viel Zeit bei ihr.«

Nie mehr Schule

Joey erzählt weiter: »Als die Großmutter 1971 starb, zog Hansi in ihr winziges Quartier über dem Gasthaus ›Altes Fassl‹. Er begann die Schule zu schwänzen – nach der fünften Klasse und einem Fünfer in Mathematik brach er sie ganz ab. Schule war nichts für Hansi, und damit das auch jeder wusste, sang er einige Jahre später ›Nie mehr Schule‹. Mit dem Klavierspiel war es jetzt auch aus: Als ihm sein Vater etwas Geld schenkte, kaufte er sich seine erste Gitarre. Dem Schulabbruch folgte der Abbruch einer Lehre zum Bürokaufmann in der nahen Pensionsversicherungsanstalt (Blechturmgasse Nr. 11).«

»Falco hatte überhaupt keine Berufsausbildung?«, wirfst du ein. »Da muss er schon sehr von sich als Musiker überzeugt gewesen sein!«

»Ja, und mit 17 Jahren widmete er sich endgültig der Musik. Die Gitarre wurde durch eine Bassgitarre ersetzt, Hansi stieg in seine erste Band ein, das Umspannwerk. Die Proben fanden in Kaltenleutgeben statt, er fuhr mit seinem Moped dort hinaus.«

Nach dem Bundesheer besuchte er kurz die Jazz-Abteilung des Wiener Konservatoriums in der Johannesgasse Nr. 4A, ging aber dann für einige Zeit nach Berlin, um dort die Musikszene zu studieren. Zurück in Wien, wohnte er wieder über dem »Alten Fassl«, dessen Besucher in den gemütlichen, holzvertäfelten Räumen und dem kleinen Garten, unter dessen nicht mehr existierendem alten Kastanienbaum Hansi oft saß, gelegentlich seine Bassgitarre hörten.

Der Popstar

Mit »Der Kommissar« wurde Falco weltweit berühmt

»Joey, wie kam Hansi zu seinem Namen Falco? Du weißt das doch sicher.«

»Es gab damals einen erfolgreichen Skispringer aus Ostdeutschland, der ihm sehr imponierte: Falko Weißpflog, genannt ›der Falke‹. Als Hansi 1978 mit der im Jahr davor gegründeten Band Hallucination Copany auf Tour ging und in der Show ›Halluzinationen‹ in München als E-Bassist auftrat, nannte er sich bereits Falco. Damals begann er übrigens zu singen und seinen eigenen Stil zu entwickeln. Der Song ›Ganz Wien‹ wurde zu einem ersten Erfolg, dem bald viele weitere folgten. Die Gedenktafel da oben am Gasthaus erinnert an den von ihm getexteten Song ›Der Kommissar‹ (Musik von Robert Ponger), mit dem er 1981 an die Spitze der Hitparade gelangte.«

»Und trotz der Erfolge wohnte er weiter hier?«, willst du wissen.

»Nicht mehr lange, denn das Haus wurde von Fans belagert, er war ja nun ein Star. Er zog in die Schottenfeldgasse Nr. 7 in eine große Wohnung. 1985 schaffte er mit ›Rock me Amadeus‹ den Durchbruch zum Weltstar.

So hoch oben ist die Luft recht dünn. Es ist nicht leicht, sich dort zu halten, weder privat noch beruflich. Falco schaffte beides nicht. In die für seine vermeintliche Familie gekaufte Wohnung in Hietzing zog er erst gar nicht ein. Sein Weg führte nach Gars am Kamp, wo er eine schöne Villa besaß, dort steht auch sein Denkmal.

Die Wiener erlebten seinen letzten großen Auftritt am 27. Juni 1993 beim Donauinselfest.«

Out of the Dark

Danach zog er sich immer länger in die Dominikanische Republik zurück, wo er am 6. Februar 1998 bei einem Autounfall ums Leben kam. Richtig unheimlich muten seine Worte »Muss ich denn sterben, um zu leben?« an, so als ob er sein frühes Ende vorausgeahnt hätte. Sie stammen aus dem Lied »Out of the Dark« vom gleichnamigen Album, das drei Wochen nach seinem Tod erschien.

Sein Leichnam wurde von einem Flugzeug der Lauda Air nach Wien überführt, wo er im Beisein von über 4000 Fans

Die Falco-Stiege

am 14. Februar 1998 auf dem Wiener Zentralfriedhof beigesetzt wurde (Gruppe 40, Nr. 64).

Willst du von der Ziegelofengasse dorthin fahren, gehst du die Margaretenstraße rechts bis zur Wehrgasse, und diese vor bis zur Rechten Wienzeile. Dort ist die Falcostiege, der 2003 nach dem Star benannten Aufgang zur U4-Station Kettenbrückengasse. Du fährst bis zur Landstraße und danach mit der U3 bis nach Simmering, von wo aus du mit der Straßenbahn 71 bis zum 3. Tor kommst. Dann gehst du einige Minuten geradeaus bis zum Grab, vor dem eine Bank die müden Fans zum Sitzen einlädt.

Falcos letzte Ruhestätte

Das Grabmal stammt vom Steinmetz Erich Zechmeister aus Hollabrunn, es wurde von einem Freund Falcos finanziert und 1999 fertiggestellt. Es besteht aus drei Teilen: dem drei Meter hohen Obelisken aus afrikanischem Granit, der in Tschechien gefertigten, 2,30 Meter hohen Panzerglasplatte in Form einer abgebrochenen CD mit Falcos Foto (»Nachtflug«) sowie den Titeln seiner bekanntesten Werke. Und der Säule mit dem schwarz gefassten Schriftzug »Hans Hölzel 1957–1998«. Sie ist gebrochen, ihr oberer Teil liegt auf dem Grab, als Symbol für seinen frühen Tod. Seine Leistungen, seine Lebensgeschichte und sein musikalisches Nachleben machten ihn zu einem modernen Helden.

Die Hundertwasser-Tour

Bei eurem nächsten Treffen präsentiert sich Joey ganz kunterbunt. »Schau mal! Ich hab sogar verschiedenfarbige Socken an! Wie der Herr Hundertwasser! Denn auf seine Spuren führe ich dich heute!«

Während ihr zum Haus Ecke Löwengasse/Kegelgasse im 3. Bezirk (erreichbar mit Tram 1, Station Hetzgasse) geht, erzählt dir Joey von ihm: »Ich habe ihn ja persönlich gekannt, den Friedrich Stowasser.«

»Wieso Stowasser? Hast du zuerst nicht Hundertwasser gesagt?«

»Er nannte sich selbst Friedensreich Dunkelbunt Regentag Hundertwasser. ›Sto‹ heißt auf Russisch ›hundert‹. Als er mit einer Japanerin verheiratet war, übersetzte er seinen Vornamen in japanische Schriftzeichen: ›Friede‹ und ›reich‹, daher ›Friedensreich‹. Er liebte dunkle Farbmischungen, deswegen nannte er sich ›Dunkelbunt‹. Diese Farben kommen an Regentagen erst richtig zur Geltung, daher: ›Regentag‹. So entstand der umständlich lange Name, unter dem er ein weltweit bekannter Künstler wurde. Sein Schiff nannte er übrigens auch ›Regentag‹.«

Du musst lachen. Was für ein komischer Name!

Das Hundertwasser-Krawina-Haus: Kunst

Joey erzählt weiter: »Schon in jungen Jahren machte sich Hundertwasser Gedanken über die Wiener Stadtarchitektur, die Gemeindebauten kamen ihm alle krank vor. Er wollte ein gesundes Haus entwerfen, denn der Mensch brauche drei Häute: seine angeborene Haut, seine Kleidung und die Mau-

Das Hundertwasserhaus

ern des Gebäudes, in dem er lebt. So wie jeder Mensch unterschiedlich aussieht und sich seine Kleidung aussucht, so soll er auch unterschiedlich wohnen. Die Wohnung soll schon von Weitem zu erkennen sein, eine eigene Farbe haben und keiner anderen gleichen. Jedem Menschen seine eigene Burg, und das im Gemeindebau. Die goldenen Türmchen machen diesen zu einem Palast, in dem es 52 Gemeindewohnungen und vier Geschäftslokale gibt. Eines davon ist das hübsche

Kaffeehaus im ersten Stock, zu dem die Freitreppe hinaufführt. Dann gibt es noch 16 private und drei gemeinschaftliche Dachterrassen, auf denen im Jahr 1985 etwa 250 Bäume und Sträucher gepflanzt wurden.«

Du hörst Joey weiter zu: »Schau dir die Fassade an, da kommen alle möglichen Farben vor, außer der Farbe Grün, denn für das fehlende Grün sorgen die vielen Bäume und Sträucher. Du siehst, jede Wohnung sieht schon von außen anders als die Nachbarwohnungen aus. Während eine Wohnung nur drei Fenster hat, hat eine andere vier, manche haben sogar eine Türe mit einem winzigen Balkon davor. Die Fenster der unteren Stockwerke sind größer als die der oberen, weil oben mehr Sonnenlicht hineinfällt. Über jedem Fenster befindet sich noch eine Art Krönchen, ein Schlussstein aus farbiger Keramik. Jeder Mieter ist also sein eigener König, und einen Baummieter gibt es auch. Er schaut aus dem Fenster seiner Wohnung heraus.«

Hundertwasser soll gesagt haben: »Dieses Haus ist meine Seele.« Es wurde sofort nach seiner Errichtung zur Touristenattraktion und gehört zu den am meisten besuchten Sehenswürdigkeiten von Wien.

Das Hundertwasser-Village: Kommerz

Für die Touristen haben Geschäftsleute in den Straßen rundherum etliche Lokale und Geschäfte eröffnet, die mit mehr oder weniger billigen Nachahmungen der Hundertwasser-Architektur, mit Reproduktionen und mit Mozartkugeln Geschäfte machen. Direkt gegenüber in der Kegelgasse 37 befindet sich die Einkaufspassage »Hundertwasser Village«, wo es einige Souvenirgeschäfte und eine Galerie gibt.

Um 1900 richtete die Post hier eine Pferdegarage ein. Als das Auto die Pferdekutschen ablöste, wurde aus der Pferde-

eine Autogarage mit angeschlossener Tankstelle. Ab 1967 zog Klaus Kalke mit seiner Reifenwerkstätte ein, und als das Hundertwasserhaus gebaut wurde, lernte Hundertwasser Klaus Kalke kennen. Hundertwasser klagte, dass die Innenarchitektur seines Hauses den meisten Menschen verborgen bliebe, er würde sie der Allgemeinheit so gerne zugänglich machen. Kalke nahm die Idee auf, und 1990/91 wurde die Reifenwerkstatt zum heutigen Village umgebaut.

Gratistoilette in unmittelbarer Nähe

In der Mitte des Village befindet sich die Bar mit einem eingefrästen Kanal, in den von einer Säule Wasser herabfließt, vorbei an deinem Getränk. Sogar die (kostenpflichtige) »Toilet of Modern Art«, zu der es über unebene Hundertwasserstufen hinunter in den Keller geht, wo ebenfalls ein Wasserfall rauscht, gefällt vielen Touristen aus Fernwest und Fernost.

Du brauchst jetzt zwar dringend selbst eine Toilette, doch Joey zeigt dir nur den Vorraum und führt dich dann in die Kegelgasse hinaus zu einem anderen Souvenirshop, über dem

»Weh-Zeh« steht. Außerdem hängt da eine Tafel, auf der du lesen kannst: »Lulu zum Hundertwasserhaus«, und die Benützung ist gratis.

Das Kunst Haus Wien: Museum

Jetzt geht es ein paar Meter zurück zur Unteren Weißgerberstraße. Du biegst rechts in sie ein und gehst zum Kunst Haus auf Nr. 13. Seinerzeit stand hier die berühmte Möbelfabrik der Gebrüder Thonet. Das alte Gebäude sollte umgebaut werden – die Gemeinde Wien ermöglichte es Hundertwasser, hier 1991 ein Museum zu gestalten, in dem man sich zu Hause fühlt. Betrieben wird das Kunst Haus Wien von der Wien Holding, das Museum Hundertwasser befindet sich im ersten und zweiten Stock.

Nach des Künstlers Meinung nimmt jedes Haus der Natur Platz weg. Er gibt ihr diesen Raum hier in Form von Dachter-

Kunst Haus Wien mit Hundertwassermuseum

rassen und »Baummietern« wieder zurück. Jeder Baummieter besitzt einen etwa einen Quadratmeter großen Bereich mit einem Kubikmeter Erde, die Bäume haben also Platz zum Wachsen. Sie sind durch große Fenster vom Innenraum abgetrennt, man sieht sie von innen, und von außen fällt Licht herein. Die Bäume bezahlen Miete, indem sie Sauerstoff erzeugen und so das Wohnklima verbessern. Sie schlucken und filtern auch den giftigen Staub, den kein Staubsauger entfernen kann. Sie schützen vor Lärm und zudringlichen Blicken und vermitteln Geborgenheit. Im Sommer dienen sie als Schattenspender, während sie im Winter, wenn die Blätter abgefallen sind, die Sonne hereinlassen. Schmetterlinge und Vögel werden angelockt und freuen sich über all das Grün mitten in der Stadt. Auch die Grasdächer produzieren Sauerstoff, sie sind Staubfänger und schützen vor Strahlung. Nicht zuletzt sind sie eine Art Klimaanlage im Sommer, während sie im Winter viel Kälte fernhalten, sodass man weniger Heizmaterial braucht. Sowohl draußen als auch drinnen siehst du zahlreiche bunte Säulen aus Keramik, die als künstliche Bäume ebenfalls das Gefühl der Geborgenheit vermitteln. Sie leuchten und heben die Stimmung – auch im Mondlicht und sogar bei Regen.

Eingang zum Restaurant

Nachdem ihr im Museum den Querschnitt durch Hundertwassers Schaffen gesehen habt, merkt ihr erst, dass ihr schon recht durstig seid.

»Komm, wir gehen ins Café-Restaurant! Das wird dir gefallen. Es gibt 100 verschiedene Stühle, und kein Tisch gleicht dem anderen, weder in seiner Form noch Größe. Gib acht, wenn du dich setzt! Bei dem unebenen Boden hat schon so mancher das Gleichgewicht verloren, sogar ich!«, sagt Joey und wird vor Verlegenheit ganz rot im Gesicht. »Der unebene Boden soll die Leute in Schwung bringen und ist viel gesünder als ebener, harter Asphalt, der nur müde Beine macht.«

Ihr sitzt hier mitten im Dschungel, überall sind Blumen und Pflanzen. Sie hängen sogar von der Decke herab! Durch das gläserne Dach fällt das Tageslicht auf sie und die Menschen herab.

Schiffsstation und Hundertwasserschiff

Danach führt dich Joey über die Weißgerberlände hinüber zum begrünten Pavillon bei der Schiffsstation, der von Hundertwassersäulen getragen wird. Er schützt vor Sonnenhitze und Regen.

Was kommt denn da für ein sonderbares Schiff gefahren?

»Wir haben Glück, das ist die MS Vindobona, die Hundert-

Das Hundertwasserschiff, die MS Vindobona

wasser 1995 neu gestaltet hat. Vielleicht können wir mit ihr zwei Stationen stromaufwärts fahren, vorbei an der Innenstadt, bis zum Fernheizwerk Spittelau, dessen Äußeres Hundertwasser ehrenamtlich verschönert hat.«

Fragen kann man ja. Und wenn nicht, dann müsst ihr eben mit der U4 dorthin fahren. Ihr könnt das Fernheizwerk aber auch sehen, wenn ihr mit dem Rad den Donaukanal entlangfahrt.

Das Fernheizwerk Spittelau: Verschönerung

Die Müllverbrennungsanlage in der Spittelau

Als die Müllverbrennungsanlage 1971 fertig war, gefiel sie niemandem. Sie war ungeheuer hässlich, mit einem Schlot und einem grau-weißen Bürohaus. Und es stank gewaltig. Viele Büroangestellte wurden krank davon.

Im Jahr 1986 baute man die Anlage nach dem neuesten Stand der Technik um, die übel riechenden Abgase verschwanden. Und der Maler Friedensreich Hundertwasser verschönerte die Fassade, sodass das Gebäude zu einer Touristenattraktion geriet. Aus dem hässlichen Entlein war ein stolzer Schwan geworden. Das hatte 1971 wirklich niemand ahnen können.

Auch hier siehst du verschieden große Fenster – und an der Fassade Wülste aus Keramik und Email. Sie sollen den

Müll darstellen, und die aufstrebenden blauen Emailflammen stehen für reine Luft und Wasser. Auf dem Vordach über den Müllbunkertoren hinter dem »Fischbauchträger« wurde sogar ein kleiner Wald angelegt.

»Siehst du die Abdeckung des Entlüftungsschachtes? Sie hat die Form einer Kappe und gleicht derjenigen, die Hundertwasser gerne trug, natürlich von ihm selbst gemacht. Schau, ganz wie meine Kappe, ich habe sie mir eigens für heute selbst genäht!«, sagt Joey ganz stolz.

Der Blickfang der Anlage ist der 130 Meter hohe Schlot, der mit himmelblauem Email verkleidet ist. In 100 Metern Höhe befindet sich eine Kugel, deren 1150 goldemaillierte Platten im Sonnenlicht glitzern. Sie ist über 20 Meter breit und fast 18 Meter hoch. In ihr hat man die Messwarte untergebracht. Du kannst die Anlage (nach Anmeldung) sogar besichtigen.«

Die Sisi-Tour: Kaiserin Elisabeth und die Kerkerburg

Das Denkmal

Heute bist du mit Joey beim Jugendstil-Denkmal der Kaiserin Elisabeth (1837–1898) verabredet. Es steht seit 1907 am Ende des Volksgartens hinter der Hofburg. Während du auf Joey wartest, schaust du es dir genau an.

Kaiser Franz Joseph wollte, dass man seine verstorbene Frau genau so in Erinnerung behält, wie sie hier dargestellt ist: Die 2,5 Meter hohe Figur zeigt eine nicht mehr ganz junge Frau mit aufgetürmter Haarkrone, die auf einem erhöhten Lehnstuhl sitzt. Nichts deutet auf eine Kaiserin hin. Ihr Blick ist in sich gekehrt, das aufgeschlagene Buch, der Rosenstrauch

Denkmal Kaiserin Elisabeths

und die zwei Hunde betonen ihre privaten Vorlieben. Zwei der Kinderfiguren mit Wasserkrügen stellen der Überlieferung nach zwei der zehn Kinder ihrer Lieblingstochter Marie Valerie dar.

Endlich kommt Joey etwas außer Atem angelaufen. »Hallo, bist du schon lange da? Ich war noch rasch in der Vergangenheit, bei Erzherzog Karl Ludwig, einem Bruder von Kaiser Franz Joseph. Er hat mir eine Menge über Elisabeth erzählt.«

Und schon sieht Joey wie der Erzherzog aus: Er hat ein freundliches Gesicht, trägt auf der Oberlippe einen Schnauzbart, die hellbraunen Haare sind über der hohen Stirn locker nach hinten gekämmt. Er salutiert und zwinkert dabei.

»Diesmal reisen wir zwar nicht zusammen in die Vergangenheit, aber als junger Erzherzog kann ich dir leichter von Elisabeth erzählen.«

Franz Joseph hatte drei Brüder, außer Karl Ludwig noch Maximilian und Ludwig Viktor. Ihre Eltern waren Erzherzog Franz Karl, ein Bruder Kaiser Ferdinands I. von Österreich, und Prinzessin Sophie von Bayern.

»Als dritter Sohn bin ich der ewige Dritte, außerdem bin ich weder so schön wie der Franzl noch so klug wie der Max – noch so verschlagen wie der

Luziwuzi. Für das Militär habe ich auch nicht viel übrig, umso mehr dafür für die Kunst. Ob ich den Kaiser beneide?«

Joey beantwortet die Frage gleich selbst: »Und wie ich ihn beneide!«

»Weil er Kaiser ist?«

»Nein, der Beruf wäre mir viel zu anstrengend. Ich beneide ihn nur um seine Frau, die wunderschöne Elisabeth!«

Erzherzog Joey versetzt sich in das Jahr 1855 zurück.

Die Hochzeit

»Es ist gerade zwei Jahre her, dass unsere Mutter beschloss, den Franzl mit einer ihrer Nichten zu verheiraten. Da gab es ja mehrere im passenden Alter. Aber die eine Königstochter wollte ihn nicht und die andere war ihm zu hässlich. Von den Cousinen blieb also nur noch die nette Helene übrig, die wir alle Néné nannten, die älteste Tochter von Herzog Max in Bayern und Sophies Schwester Ludovica.

Der Franzl hatte gegen sie nichts einzuwenden, und so legte man die Verlobung fest. Sie sollte an seinem 23. Geburtstag in Bad Ischl stattfinden, wo unsere Familie gern den Sommer verbrachte. Ich freute mich, denn da würde ich Helenes kleine Schwester Elisabeth wiedersehen, die ich sehr gerne mochte. Das ist fast zu wenig gesagt, denn wir wechselten Briefe und kleine Geschenke miteinander, und ich dachte, ich würde sie eines Tages zur Frau nehmen.

Mit der Heiraterei kam aber zuerst der Franzl dran, denn ein Kaiser braucht eine Kaiserin, und ein kleiner Bruder hat zu warten. Sie war außerdem noch viel zu jung, und ich zählte erst 20 Jahre. Doch was soll ich dir sagen: Kaum hatte der Franzl Elisabeth erblickt, sie war noch staubig von der Reise und wegen des Todes einer Tante in schwarzen Trauerkleidern, als er nur mehr Augen für sie hatte.

Das Kaiserpaar Franz Joseph und Elisabeth 1854

Da hatte ich nun die Bescherung, der Franzl schnappte mir Elisabeth vor der Nase weg! Mama hatte gar nichts dagegen, Hauptsache, der Franzl nahm endlich eine Frau.«

Nach der überraschenden Verlobung hatte die kleine Prinzessin, noch nicht einmal 16 Jahre alt, genau acht Monate Zeit, um sich auf ihre Aufgabe als Kaiserin vorzubereiten. Sie war recht unbeschwert in Bayern aufgewachsen und hatte keine Ahnung vom Hofleben, dem Zeremoniell, der Geschichte Österreichs und den Sprachen, die in Wien nötig waren: Tschechisch, Ungarisch, Italienisch, Französisch.

»Weißt du«, sagt Erzherzog Joey, »das war ein großes Problem: Der Franzl war von Baby an mit all dem bestens vertraut, Mama hat ihn regelrecht für seine Aufgaben als Kaiser dressiert. Er merkt gar nicht, wie sehr er eingeengt ist. Die beiden passen so gar nicht zusammen! Ich, der ewige Dritte, hätte viel, viel besser zu ihr gepasst! Wir hätten als glückliches Statthalterpaar in Innsbruck leben können!« Erzherzog Joey wischt sich die Augen. »Elisabeth wurde von der Hofgesellschaft gar nicht gut empfangen. Man kritisierte ihren Stammbaum, ihre Aussteuer, ihr Verhalten. Wie sie sich aber bei ihrer

Brautfahrt, Ankunft und Hochzeit fühlte, interessierte keinen – außer mich.«

Am 22. April 1854 kam die junge Braut mit dem Schiff in Nußdorf an, wo der Kaiser sie erwartete und nach Schönbrunn brachte. Sein Brautgeschenk, eine Diamantenkrone, war durch eine Ungeschicklichkeit ein paar Tage zuvor auf den Boden gefallen. Man reparierte sie eilig, aber manche Leute betrachteten den Zwischenfall als böses Omen.

Am 23. April fuhr die Braut, geschmückt mit dem Diadem, in der gläsernen Kutsche von der Favorita (heute Theresianum, Favoritenstraße 15) über die heute nicht mehr vorhandene Elisabethbrücke, die sie damit eröffnete, zur Hofburg, entlang der jubelnden Menschenmassen.

Joey führt dich jetzt in den Inneren Burghof hinein. »Als sie hier ausstieg, blieb sie mit dem Diadem ein wenig an der Kutsche hängen und stolperte – das nächste Omen. Du weißt, dass dieser Teil der Burg Amalienburg heißt. Dort oben kannst du die Fenster ihrer Räume sehen. Bevor sie sich aber dorthin zurückziehen durfte, musste sie noch Audienz halten. Am nächsten Tag wurde sie nachmittags angekleidet und zur Augustinerkirche geführt.«

Joey zeigt dir ihren Weg: »Sie ging nicht über die Höfe, sondern durch eine endlose Reihe von Zimmern und Sälen, zuerst durch den Leopoldinischen Trakt zum Schweizerhof, von dort weiter durch die Hofbibliothek und durchs Augustinerkloster bis in die Kirche, wo schon alle auf sie warteten.«

Erzherzog Joey erzählt dir das auf dem Weg an diesen Gebäuden außen entlang, bis ihr nun ebenfalls in der Kirche angekommen seid. »Du musst dir die Kirche im schönsten Blumenschmuck vorstellen, beleuchtet mit 15.000 Kerzen und voller festlich gekleideter Menschen. Die Trauung begann um 19 Uhr, Kardinal Rauscher traute das Paar. Er hielt eine so lange Rede, dass er seither nur mehr Kardinal Plauscher

Der Einzug der Braut

heißt. Elisabeth war danach am Ende ihrer Kräfte, musste aber noch die Gratulanten im Audienzsaal empfangen. Als sie später endlich in der Amalienburg in ihrem Bett lag, führte ihr die Schwiegermutter den jungen Ehemann zu.«

Ihr geht jetzt zurück zum Inneren Burghof, das eheliche Schlafgemach (heute Turnzimmer) befand sich hinter dem vierten und fünften Fenster von rechts.

Die Kaiserappartements in der Hofburg

Elisabeths Gewohnheiten, beispielsweise ihr tägliches Bad, gaben viel Anlass zu Kritik am Wiener Hof. Sie passte sich nicht den hier herrschenden Sitten an, obwohl sich ihre Schwiegermutter und Tante Sophie um ihre Erziehung kümmerte. Statt der jungen Frau damit zu helfen, brachte sie die widerspenstige junge Frau immer mehr gegen sich auf. Sehr rasch begann Elisabeth sich einsam zu fühlen.

Der Kaiser ging seinen üblichen Pflichten nach und hatte wenig Zeit für sie. Franz Josephs Privat- und Arbeitsräume lagen gleich um die Ecke im Reichskanzleitrakt, aber wenn sie zu ihm gehen wollte, wurde sie häufig abgewiesen.

»Sie weinte oft«, sagt Erzherzog Joey. »Mir brach fast das Herz, wenn ich sie traurig sah. Als aber dann heuer im März ihre Tochter Sophie geboren wurde, war sie überglücklich – bis ihr Mama nach sechs Wochen das Kind einfach wegnahm, zumindest sieht Elisabeth das so. Sie versteht nämlich nicht, dass es die Aufgabe einer Kaiserin ist, zu repräsentieren und Kinder zu gebären, nicht aber, sich um deren Alltag zu kümmern. Die Kindskammer wurde neben Mamas Räumen oben im 3. Stock der Amalienburg eingerichtet, die Fenster gehen auf die andere Seite.

Und Franzl? Obwohl Kaiser, nimmt er es nicht mit Mama auf, da lässt er lieber seine Frau weinen. Er hat andere Dinge im Kopf, denn schließlich muss er ein großes Kaiserreich regieren.

Aber ganz unter uns: Elisabeth sollte schon etwas mehr auf Mama hören, sie rebelliert oft ganz unnötig und wegen jeder Kleinigkeit.«

Das Sisi-Museum

Karl Ludwigs Uniform und Schnauzbart verschwinden, und Joey steht wieder da in Jeans und Shirt. »Komm, wir gehen in die Kaiserappartements und ins Sisi-Museum.«

»Wieso heißt Elisabeth eigentlich Sisi?«, willst du wissen.

»Das hat sich so eingebürgert. Sie selbst kürzte ihren Vornamen in Briefen mit ›Lisi‹ ab, was aber offenbar falsch als ›Sisi‹ gelesen wurde. So richtig berühmt wurde sie ja erst

Elisabeth mit den Diamantsternen im Haar

durch die Filme mit Romy Schneider, in denen aus ihr eine ›Sissi‹ wurde und in denen auch sonst nur wenig stimmt. Wie der Kaiser sie nannte, wissen wir nicht.«

Im Museum kannst du ihre Sonnenschirme, Fächer und Handschuhe sehen, die Reiseapotheke und ihre Waschgarnitur, und natürlich ihre Schönheitsrezepte. Das Polterabendkleid ist nur nachgemacht, kein Original, genau wie der Hofsalonwagen.

»Siehst du, wie schön Elisabeth war? Der Maler Franz Xaver Winterhalter zeigt sie uns hier im Alter von 27 Jahren. Sie trägt ein weißes Sternenkleid und im Haar die 27 Diamantsterne der Firma Köchert.«

»Sie war wunderschön. Aber sie sieht auf den Bildern und Statuen, die viel später gemacht wurden, noch fast genauso jung aus, wieso denn das?«

»Ab einem gewissen Alter stand sie keinem Künstler mehr Modell. Man musste ihre Gesichtszüge nach alten Bildern oder Statuen kopieren. Sie ließ sich auch nicht mehr fotografieren. Deshalb bleibt sie in der Erinnerung der Menschen ewig jung. Viele denken, sie sei jung gestorben. Sie war bei ihrer Ermordung aber schon fast 62 Jahre alt.«

Du kannst sogar die dreieckige Feile hier im Museum sehen, mit der sie 1898 in Genf von einem italienischen Anarchisten namens Luigi Luccheni ermordet wurde.

Die Wohn- und Amtsräume des Kaisers

Ihr geht nun weiter in den großen Audienzsaal und die Amtsräume des Kaisers, wo er den Großteil des Tages verbrachte.

»Die Öfen haben gar keine Türen, wie wurden sie beheizt?«, fragst du neugierig.

»Ursprünglich mit Holz, und zwar von hinten, vom Heizgang aus, damit die Räume innen sauber blieben. Ab 1824 dann mit Heißluft, die durch Rohrleitungen zu den Öfen strömte. Elektrisches Licht gibt es erst seit 1891/93.«

Der Kaiser stand während der Audienzen an seinem Stehpult, auf dem die Liste der Geladenen mit den nötigen Hinweisen lag. In seinem kleinen Arbeitszimmer pflegte er schon frühmorgens seine Akten zu studieren.

Sisi mit Familie: Jeder hatte einen eigenen Weihnachtsbaum

»Hier siehst du zwei der drei berühmten Gemälde von Franz Xaver Winterhalter: Elisabeth mit offenem Haar am Morgen und mit vorne zusammengefasstem Haar am Abend, Bilder sehr privater Natur. Elisabeth ist hier 27 Jahre alt. Sie war zu einer Schönheit erblüht. Das dritte Winterhalter-Bild hast du schon im Sisi-Museum gesehen.«

Die Räume der Kaiserin

Ihr geht nun weiter in die Amalienburg. »Hier im Durchgang gibt es ganz hinten eine kleine Tür, sie führt zur Treppe, über die Elisabeth hinauf zu den Kindskammern gehen konnte. Es gehörte nicht zu ihren Aufgaben, die Kinder aufzuziehen, wie dir der Erzherzog zuvor schon erklärt hat. Elisabeth dürfte auch gar nicht die Fähigkeiten dazu gehabt haben. Davon, dass ihr Sophie die Kinder weggenommen habe, kann gar keine Rede sein«, erklärt Joey.

Nach dem Tod der kleinen Sophie und der Geburt des Kronprinzen Rudolf wurde Elisabeth schwer depressiv, sie zeigte nur mehr wenig Interesse an ihren Kindern Gisela und

Der Salon (oben) und das Bett (unten) der Kaiserin Elisabeth

Rudolf und überließ deren Erziehung ganz der Schwiegermutter.

Franz Joseph schlug sein Bett im Reichskanzleitrakt auf. Man fürchtete um Elisabeths Leben und schickte sie nach Madeira. Doch welch ein Wunder! Kaum weg von Wien, erholte sie sich rasch. Als sie nach einem halben Jahr zurückkehrte, war sie nach vier Tagen in der Hofburg jedoch abermals sterbenskrank. Man dachte an Tuberkulose und schickte sie diesmal nach Korfu, um Mann und Kinder vor einer Ansteckung zu schützen. Man erwartete stündlich ihre Todesnachricht und sah sich schon nach der nächsten Kaiserin um. Aber wieder geschah ein Wunder. Sie fühlte sich bald wieder recht wohl.

Auf Korfu las sie viele Gedichte von Heinrich Heine und wurde selbst zur Dichterin. Sie legte ein Album mit Fotos der berühmtesten Schönheiten an und wollte die Schönste von allen sein – ihr Schönheitswahn brach aus. Von nun an war sie ständig auf

Oben: Elisabeth mit Gisela und Rudolf
Unten: Rudolf im Alter von drei Jahren und Gisela

Reisen, es war wie eine Flucht aus dem Kerker. Zu ihrem Glück war der Kaiser bereit, ihren exzentrischen Lebensstil, Reisen, Villen, Schiff und Pferde, zu finanzieren, denn billig war das nicht. Aber er liebte seine Frau und lernte jetzt, auf ihre Wünsche Rücksicht zu nehmen, um Elisabeth zumindest gelegentlich sehen zu dürfen.

»Diese Wünsche«, erklärt Joey, »betrafen auch die Erziehung des Kronprinzen, die unter Sophies Leitung zu streng für das zarte Kind gewesen war. Nun bestimmte Elisabeth Lehrer und Tagesablauf. Ob Rudolf sie liebte, wissen wir nicht, er sah sie kaum. Gisela stand ihr nicht nahe.«

Ihr geht in Elisabeths Schlafzimmer, deren Bett tagsüber in einen anderen Raum getragen wurde, damit sie den Raum als Wohnzimmer verwenden konnte. Danach kommt ihr in das daran anschließende Turnzimmer.

Das Turnzimmer (Garderobezimmer)

Der Schönheits- und Schlankheitswahn bestimmte Elisabeths Tagesablauf. Man konnte sie sogar vom Burghof aus am frühen Morgen an ihren Ringen und der Sprossenwand turnen sehen. Welch ein Skandal! Zu der Zeit waren zum Glück noch wenig Leute unterwegs.

Ihre Haarpracht war ihr ganzer Stolz, deren Pflege war sehr aufwendig. Für den perfekten Sitz ihrer Kleider ließ sie sich eng geschnürt in diese einnähen.

»Schau, welch hübsche Toilette aus Meißner Porzellan sie hatte!«, sagt Joey. »Diese Badewanne für ihr tägliches Bad war die erste und einzige in der Hofburg, die meisten anderen Mitglieder des Kaiserhauses badeten in Holz- oder Kautschukwannen, die man dazu eigens in das jeweilige Schlafzimmer schleppte.« Sisi umgab sich nur mehr mit Leuten, die nicht zur Wiener Hofgesellschaft gehörten, das waren vor allem

Ungarn. Ida Ferenczy war keine Dame des Hochadels, sondern ein einfaches Mädchen vom Lande. Sie wurde die engste Vertraute der Kaiserin und weckte in ihr die Liebe zu ihrem Land. Elisabeth bestand sogar darauf, ihre jüngste Tochter, Marie Valerie, dort zur Welt zu bringen, fern der Wiener »Kerkerburg«. Dieses Kind erzog sie selbst, nahm es überall hin mit und erdrückte es förmlich mit ihrer Liebe. In der Hofburg wurde die Kindskammer diesmal neben ihren eigenen Räumen eingerichtet.

Die ruhelose Frau

In der Öffentlichkeit erschien die Kaiserin immer seltener. Sie hasste es, angestarrt zu werden. Mit der Zeit wurde sie menschenscheu und verbarg ihr Gesicht hinter Fächern und Schirmen. Sie war eine hervorragende Reiterin, sowohl im Damen- wie auch im Herrensattel. Als sie das Reiten aufgeben musste, verlegte sie sich auf lange, schnelle Spaziergänge. Ihr Tempo konnte fast niemand mithalten. Als sie in Wien ein Polizist mit ihrer Hofdame im Laufschritt dahineilen sah, glaubte er, die beiden Damen seien auf der Flucht vor einem Verbrecher, und wollte sie beschützen. Als er die Kaiserin erkannte, begleitete er die Damen bis nach Schönbrunn, wo er völlig außer Atem ankam.

Marie Valerie war Sisis Lieblingstochter

Rast- und ruhelos zog Elisabeth durch Europa. Ihre Räume in der Hofburg standen fast immer leer, die Stadt gewöhnte sich an ihre Abwesenheit.

Tod und Begräbnis

Als sie aber am 10. September 1898 ermordet wurde, ging ein einziger Aufschrei durch ganz Wien.

»Ihr Leichnam wurde im Sonderzug nach Wien überführt, wo er am 15. September ankam und zur Hofburgkapelle gebracht wurde«, erzählt Joey. »Am 17. September wurde sie in der Kapuzinergruft beigesetzt. Wir wollen jetzt an der Hofburgkapelle vorbei noch zur Gruft gehen.«

Der Sarg wurde im schwarzen Hofleichenwagen, den du in der Wagenburg in Schönbrunn sehen kannst, von acht Rappen zur Gruft gezogen. Dann brachte man die Tote zum Eingang der Gruft. Es wurde – wie es bei Habsburger Begräbnissen üblich ist – angeklopft, worauf von innen eine Stimme ertönte: »Wer begehrt Einlass?« Elisabeths Name und Titel wurden vorgelesen, worauf die Stimme von innen sagte: »Wir kennen sie nicht«. Nun wurde eine Kurzfassung der Titel verlesen, worauf es aber wieder hieß: »Wir kennen sie nicht«. Erst die Worte: »Elisabeth, ein armer, sündiger Mensch« öffneten das Tor. Sie wurde in die Ferdinandsgruft gebracht, wo schon der Sarg ihres unglücklichen Sohnes Rudolf stand.

In den Jahren 1908/09 wurde anlässlich des 60-jährigen Regierungsjubiläums von Kaiser Franz Joseph die Gruft um den nach ihm benannten Teil erweitert. Dort steht seit seinem Tod im Jahre 1916 sein Sarg zwischen den beiden anderen, er wurde später erhöht auf einen Sockel gestellt. Noch immer bringen viele Menschen Blumen hin, vor Elisabeths letzter Ruhestätte siehst du Blumen und Bänder in den ungarischen Farben.

Das Denkmal des Prinzen Eugen auf dem Heldenplatz

Prinz Eugen, der edle Ritter

Das Reiterstandbild und die Bibliothek

Joey erwartet dich auf dem Heldenplatz vor dem Reiterstandbild des Prinzen Eugen (1663–1736).

»Hoch zu Ross in Bronze sieht der Prinz beeindruckend aus, und seine Soldaten verehrten ihn sehr«, sagt Joey.

Als das Denkmal 1865 enthüllt wurde, war Wien zwar noch von den alten Stadtmauern umgeben, aber man spürte schon den Wind der neuen Zeit. Österreich kämpfte damals vergeblich um seine Vormachtstellung in Europa, die es vor allem dem Prinzen Eugen zu verdanken hatte. Das Denkmal sollte Mut machen.

»Der Platz passt gut, denn während der Zweiten Türkenbelagerung waren die Feinde drauf und dran, gerade von dieser Seite die Stadt zu stürmen, sie hatten hier überall Laufgräben angelegt«, erklärt Joey. »Der Bildhauer Anton Dominik Fernkorn goss das bronzene Denkmal aus 44,8 Tonnen Erz, Pferd und Reiter stehen auf einem Sockel aus Untersberger Marmor.«

Plötzlich verschwinden Platz und Denkmal, und Joey steht als türkischer Page vor dir.

»Ich bin ein Beutetürke, der Prinz hat mich in Belgrad gefunden, taufen lassen und zu seinem Pagen gemacht. Wie du sicher weißt, diente er vor Kaiser Karl VI. schon dessen Vater Leopold I. und dessen Bruder Joseph I. Er ist mit den Habsburgern ja entfernt verwandt. Die drei behandelten ihn aber sehr unterschiedlich: Leopold war ihm ein Vater, Joseph ein Bruder und Karl ist ihm ein Herr. Vor uns, direkt an die Mauer angebaut, siehst du den Trakt der Burg, den Kaiser Leopold hat errichten lassen – da geht der Prinz ein und aus, wenn er nicht gerade in den Krieg zieht. Er ist übrigens ziemlich klein, und schön ist er auch nicht, genauso wenig wie es Kaiser Leopold I. war. Genau wie dieser hat Eugen eine vorspringende Unterlippe, eine schmächtige Figur und obendrein noch einen Buckel! Auch auf seine Kleidung und die Pflege seines Äußeren legt er wenig Wert.«

Dann zieht dich Joey fort zum Inneren Burghof und geht mit dir durch den Schweizertrakt. Auf dem Josefsplatz versetzt er dich kurz in die heutige Zeit und führt dich hinein in den Prunksaal der Hofbibliothek (heute Nationalbibliothek). In der Mitte bleibt er stehen: »Schau einmal: Viele dieser Bücher hier unter der etwas über 29 Meter hohen, ovalen Kuppel gehörten einmal dem Prinzen Eugen! Die Habsburger haben diese 15.000 Bände, die sogenannte ›Eugeniana‹, aus seinem Nachlass angekauft. Sie sind alle eingebunden in rotes, gelbes und blaues Maroquinleder und mit dem Wappen des Prinzen versehen. Es sind viele Handschriften darunter und viele italienische sowie französische Werke.«

Dann zeigt dir Joey das Denkmal Kaiser Karls VI. in der Mitte, dem man sein würdevolles Auftreten noch heute ansieht. Unter ihm wurde das spanische Hofzeremoniell streng eingehalten. Den guten Ratschlägen des Prinzen, für eine gut ausgerüstete Armee zu sorgen, folgte er nicht.

Da du sicher wissen willst, wo der Prinz eigentlich wohnte, verlasst ihr die Bibliothek und geht auf der Straße weiter. Bei der Albertina bleibt Joey stehen: »Die Kupferstiche des Prinzen werden in der Albertina aufbewahrt, seit die Habsburger sie erworben haben.«

Dann führt Joey dich zur Kärntner Straße, danach weiter zur Himmelpfortgasse – und bleibt vor Nr. 8 stehen. Beide seid ihr wieder einmal in die alte Zeit versetzt.

Die Winterresidenz

»Das ist das Winterpalais, in dem der Prinz wohnt. Er ließ es anstelle mehrerer alter Häuser errichten. Die bedeutendsten Architekten seiner Zeit waren hier am Werk. Lass uns einen Blick in den Hof werfen!«

Joey zeigt dir einen Wandbrunnen mit einem Delfin und Putten (»putti« bedeutet »Engelchen«) und führt dich dann über die Prunkstiege mit den vier Atlanten, die statt Säulen als Stützen dienen, in die Prunkräume im ersten Stock, in die du nur einen heimlichen Blick werfen kannst.

»Eugens Bücher sind im Schlachtenbildersaal und im Grünen Salon untergebracht. Es gibt ein Goldkabinett, und auch das hofseitige Schlafzimmer sowie das Arbeitszimmer sind schön bemalt. Das Haus dient ihm ja nicht nur als Wohnung: In den straßenseitigen Prunkräumen empfängt der Prinz als Präsident des Hofkriegsrates Gesandte, darunter den türkischen Großbotschafter, hält Ratssitzungen ab und unterzeichnet Verträge.«

Joey führt dich wieder hinaus und über die Seilerstätte zur Krugerstraße, wo damals noch die Stadtmauer verlief. Er erzählt: »Auch der Herzog von Marlborough, mit dem Eugen gemeinsam gegen Frankreich gekämpft hatte, besuchte ihn im Winterpalais und wurde von ihm herzlich empfangen. Man schrieb das Jahr 1705.

Das Wurstduell

Am Hof des Kaisers lebte damals ein Hofzwerg namens Lukas Zitteraal, »Zitterälchen« genannt, der seinem Herrn stets folgte. Er war nur 125 Zentimeter groß und hatte das Gesicht eines jungen Mannes, obwohl er schon 50 Jahre alt war. Meist trug er eine knappe Reiteruniform, die sein dickes Bäuchlein betonte, und dazu einen langen und breiten Säbel in grüner Lederscheide. Er war ein Schelm, voller Schwänke und Bosheiten, mit denen er den Kaiser, die Damen und Herren des Hofes und die Leute in der Stadt erheiterte.

Als er nun mit den beiden gefeierten Kriegshelden zur hölzernen Baracke der Stadtguardia in der Krugerstraße ging, war ich natürlich auch dabei, denn der Prinz schätzte meine Gesellschaft. Unserem Zug folgten lachend die neugierigen Wiener. Das Kommando in der Baracke hatte Stadtwachtmeister Jakob Eschauer, ein sehr tapferer Mann, aber leider fluchte er bei jedem Satz, den er sprach, ganz arg und wunderlich, besonders wenn er getrunken hatte. Im Dienst aber war er äußerst pünktlich und gegen die Mannschaft gebührend streng, nicht zu hart und nicht zu weich. Als die hohen Herren nun völlig unerwartet in das Wachlokal traten, hob er soeben einen vollen Becher Wein zum Mund, während ein Dutzend seiner Soldaten würfelte oder schlief. Als sich Eschauer nun plötzlich seinem Feldherrn gegenübersah, ließ er den Becher fallen, aus den Flüchen wurde ein unverständlicher Husten.

Der Prinz lächelte: »Das ist keine Visitation, lasst euch nicht stören. Wir haben ja Frieden!« und begleitete seine milden Worte mit der Gabe einer großen Börse, die von den Soldaten dankbar entgegengenommen wurde.

»Ein Hoch auf den Herzog Marlborough, ein Hoch auf unseren unvergleichlichen Helden, hol mich der und jener, den Prinzen Eugen, so wahr ich beim Teufel Eschauer heiße und ein ganz verdammtes Christenkind bin!«, schrie der Stadtwachtmeister erregt.

Die Gäste lächelten, der Zwerg aber stellte sich vor ihm auf und sagte: »Ihr ein Christenkind? Für ein Kind seid Ihr viel zu lang und für einen Christen viel zu ketzerisch, denn Ihr flucht ja, dass es eine wahre Schande ist.«

Eschauer wechselte die Farbe oder vielmehr die Farben, denn er hatte mehrere auf seinem Gesicht, vom schönsten Zinnober bis zum reinsten Indigo, und schoss einen Blick auf den Zwerg, der einen Elefanten hätte erzittern lassen, dem kleinen Zitteraal jedoch ganz im Gegenteil besonderen Mut einflößte.

Der Zwerg warf sich in die Brust, stieß seinen Säbel ein paarmal auf und nieder und fragte: »Was beliebt?«

»Was mir beliebt?«, schrie Eschauer mit kippender Stimme. »Mir beliebt, Höllenspiritus, über derlei Steine des Anstoßes hinwegzugehen, als ob da gar nichts im Wege wäre!«

»Ich aber beliebe«, rief der Zwerg voller Wut, »zu beweisen, dass Euer Wanst größer ist als Euer Mut!« Er riss seinen Säbel aus der Scheide und stellte sich Eschauer entgegen.

Der, seinerseits fluchend, sprang zum Tisch, fand und ergriff als einziges Mittel zu seiner Verteidigung eine lange, geräucherte Wurst und rief: »Seht, Herr Zitteraal, jetzt habe ich was für Euch, Wurst gegen Wurst, zum Höllenhund!«

Sehr zum Gelächter der hohen Gäste entspann sich jetzt ein richtiges Duell, die Wurst wurde verletzt, die Wade Eschauers auch, während der Rücken Zitteraals mit der Wurst Bekanntschaft schließen musste.

Endlich trennte Prinz Eugen, der sich vor Lachen die Lenden hielt, die schweißtriefenden Streithähne voneinander. Die Perücke des Zwerges war schon ganz verschoben und oben hing – ein großes Stück Wurst als Schmuckstück der besonderen Art.

Das Untere Belvedere

Die Sommerresidenz

Ihr geht nun zum Schwarzenbergplatz und weiter zum Rennweg, es ist nicht weit bis zum Unteren Belvedere. Da wimmelt es nur so von Soldaten und Lakaien, denn man erwartet den Prinzen.

Wie von Zauberhand öffnen sich die Türen zum Marmorsaal. Joey zeigt hoch zur Decke und lacht: »Schau, oben auf dem Deckengemälde ist der Prinz auf einer Wolke als jugendlicher Held dargestellt, umringt von Musen. Der Maler hat ihm da schon sehr geschmeichelt!«

Ihr geht weiter durch die wenigen Wohnräume, du siehst den Groteskensaal und das Goldkabinett, wo sich eine Statue des Prinzen Eugen von Balthasar Permoser befindet.

»Eugen gefällt sie nicht, da sie zu überladen ist, und wenn sie nicht so teuer gewesen wäre, hätte er sie bestimmt schon verschwinden lassen. Wie gefällt es dir hier?«, fragt Joey. »Solche Zimmer finden sich in vielen Adelspalästen, das entsprach der Mode des 18. Jahrhunderts.«

Dann führt dich Joey in die Orangerie, das »Pomeranzenhaus«. Orangen wurden früher als Pomeranzen bezeichnet. Der Prinz Eugen besaß außer Orangenbäumen auch Palmen und viele andere in Mitteleuropa seltenen Gewächse.

Nach einem kurzen Blick auf den ehemaligen Prunkstall geht ihr in den Park.

»Da das Obere Belvedere um einige Meter höher liegt als das Untere, wählte der Prinz als Thema für die Statuen den Aufstieg aus der Unterwelt in den Olymp. Der Garten ist der älteste Teil der Anlage, er wurde schon um 1700 von Dominique Girard angelegt. Über eine Freitreppe gelangt man zum oberen Bereich des Parks, der von Sphingen bewacht wird.

»Was sind denn das für komische Gestalten?« fragst du, und Joey hat natürlich auch gleich die Antwort parat:

Die Sphinx

»Die Sphinx ist ein Fabelwesen aus der griechischen Mythologie. Sie hat den Kopf einer Frau, den Körper eines Löwen, den Schwanz einer Schlange und die Flügel eines Adlers. Gemütlich war die nicht, diese Sphinx, das kann ich dir sagen!« Joey beutelt es vor Grauen.

»Warum war sie denn so schauderlich?«

Die Sphinx, ein grausames Fabelwesen

»Sie hat die Stadt Theben bewacht, und jeder, der in die Stadt wollte, musste zuerst das von ihr gestellte Rätsel lösen, das da lautete: ›Welches Wesen mit nur einer Stimme hat manchmal zwei, manchmal drei und manchmal vier Beine? Es ist am schwächsten, wenn es am meisten Beine hat, und am stärksten, wenn es am wenigsten Beine hat.‹

Wer diese Frage nicht beantworten konnte, wurde von der Sphinx mit Putz und Stingel verspeist! Erst Ödipus vermochte das Rätsel zu lösen: ›Als Säugling kriecht der Mensch auf allen Vieren und ist am schwächsten; als Erwachsener geht er auf zwei Beinen und ist am stärksten. Im Alter nimmt der Mensch einen Stock und geht somit auf drei Beinen.‹

Die Sphinx war so aufgebracht, dass es nun doch ein Mensch geschafft hatte, ihr Rätsel zu lösen, dass sie sich über einen Felsen in den Tod stürzte.«

Das Obere Belvedere

Das Wasserreservoir sorgte einst für die Bewässerung des Parks

Du bist froh, dass es solche Wesen im Park des Prinzen nur in Stein und nicht in Wirklichkeit gibt.

Ihr seid mittlerweile ganz oben angekommen. Der Blick, den ihr von hier aus auf Wien genießen könnt, ist atemberaubend! Genau in der Mitte ragt der Stephansdom aus der Innenstadt, und anhand der vielen Kirchtürme und Kuppeln kannst du dich ganz gut orientieren. Du erkennst von oben die vielen Plätze, die du bei den Spaziergängen mit Joey kennengelernt hast, und verstehst auch, warum sich Prinz Eugen ausgerechnet hier seine Sommerresidenz hat erbauen lassen.

»Das obere Schloss dient nur der Repräsentation. Prinz Eugen ist doch recht eitel, und so eine tolle Residenz schmeichelt ihm sehr.«

»Wie schafft man denn das Wasser für die vielen Fontänen und die beiden Wasserfälle her?«, willst du wissen.

»In der Tat, das ist wirklich eine sehr kostspielige Angelegenheit.« Joey runzelt die Stirn: »Aber Eugen wurde für seine Verdienste im Einsatz gegen die Türken von den Habsburgern so fürstlich belohnt, dass er es sich leisten konnte, das Wasser in Bleirohren aus Mariabrunn in das große Bassin an der Rückseite des Oberen Belvedere einzuleiten. Da dies der höchste Punkt des Parks ist, wird von diesem Wasserreservoir aus dessen Versorgung durch eine Maschine geregelt.«

Der tierfreundliche Prinz

Ihr schlendert links am Gebäude vorbei. Du hörst Tierstimmen, und Joey bleibt mit wichtiger Miene stehen: »Das ist die Menagerie des Prinzen. Siehst du diesen zweistöckigen Pavillon? Hier wohnt der Tierwärter, und darin ist auch das Winterquartier für die Tiere. Die Sommergehege sind durch Mauern getrennt, vorne und hinten durch schmiedeeiserne Gitter abgeschlossen. Am äußersten Ende jedes Geheges steht ein Pavillon, wohin sich die Tiere zurückziehen können. Eugen besitzt eine ganze Sammlung seltener, kostbarer und exotischer Tiere. Insgesamt gibt es hier 43 Arten von Säugetieren und 67 Arten von Vögeln. Der erste Vogel, der hier Einzug hielt, war ein Weißkopfgeier, der 117 Jahre in Gefangenschaft überlebt haben soll.«

Der Löwe des Prinzen Eugen

»Unter all den Tieren ist aber der afrikanische Löwe, den Eugen vom König von Frankreich geschenkt bekommen hat, sein Lieblingstier. Einmal erschien der Löwe sogar im Oberen Schloss bei Tisch. Du kannst dir vorstellen, wie sich die Gäste fürchteten und wie der Prinz darüber lachte.«

Als der Prinz im Alter von 73 Jahren starb, brüllte der Löwe um drei Uhr früh so laut, dass der Tierwärter hinauslief, um nachzusehen. Da sah er das Schloss hell erleuchtet, während zugleich in der Kapelle das Sterbeglöckchen läutete. So wusste er Bescheid, dass der Prinz Eugen gestorben war. Von diesem Tag an zeigte sich der Löwe traurig und appetitlos. Er wurde später von der Erbin Victoria an eine Compagnie verkauft, die Tierhetzen veranstaltete, wo die Tiere gemartert und schließlich getötet wurden.

Ein bisschen niedergeschlagen wegen des traurigen Schicksals des Löwen geht ihr weiter ums Schloss herum, wo sich das große Wasserbassin befindet, in dem sich das Schloss widerspiegelt, und seht wieder aus wie Kids des 21. Jahrhunderts.

»Komm, wir gehen rechts zur Kassa.« Joey läuft mit dir um die Wette. »Jetzt schauen wir uns noch das Schloss von innen an, das dürfen wir auf keinen Fall versäumen.«

Besuch im Oberen Belvedere

Die Sala Terrena im Erdgeschoß war ursprünglich gegen beide Seiten hin offen. Statt von Säulen wird die Decke von Atlanten getragen. Ihr geht über das prunkvolle Stiegenhaus hinauf in den Marmorsaal, den ein Deckenfresko von Carlo Innocenzo Carlone schmückt. In diesem Saal wurde am 15. Mai 1955 der Österreichische Staatsvertrag von den Signatarmächten unterzeichnet.

Von der Einrichtung und der Kunstsammlung des Prinzen ist leider gar nichts übriggeblieben. Eugens Nichte Anna Victoria, die alles geerbt hatte, verkaufte die Kunstsammlungen und auch die Tiere des Prinzen in alle Himmelsrichtungen. Glücklicherweise kaufte Kaiser Karl VI. die Bibliothek, und Maria Theresia erwarb das Belvedere und das Winterpalais, sodass wenigstens ein Teil der alten Pracht erhalten blieb.

»Die Gemäldegalerie mit Werken von Gustav Klimt, Egon

Schiele und Oskar Kokoschka siehst du dir bei Gelegenheit ein anderes Mal mit einer Museumsführung an, jetzt zeige ich dir noch die Kapelle.«

Du folgst Joey bis ins hinterste Zimmer des Ostflügels, von wo aus ihr durch ein Fenster einen Blick hinunter in die Kapelle werfen könnt. Sie reicht über zwei Stockwerke. Der Prinz konnte von der Empore aus an der Messe teilnehmen. Auch hier hat Carlone das Kuppelfresko gemalt.

»An den Prinzen Eugen erinnern heute noch viele Büsten und Denkmäler, und natürlich das berühmte Lied, das erstmals auf dem Schlachtfeld von Belgrad 1717 von einem unbekannten Soldaten zu Ehren des Feldherrn gesungen wurde.«

Joey beginnt aus vollem Hals zu singen:

Prinz Eugenius, der edle Ritter,
wollt dem Kaiser wied'rum kriegen
Stadt und Festung Belgerad.
Er ließ schlagen eine Brucken,
dass man kunnt hinüberrucken,
mit d'r Armee wohl für die Stadt!

Als der Brucken war geschlagen,
daß man kunnt mit Stuck und Wagen
frei passiern den Donaufluss,
bei Semlin schlug man das Lager,
alle Türken zu verjagen,
ihn'n zum Spott und zum Verdruss.

Du stupst Joey in die Seite, weil sich schon alle Leute im Museum nach euch umdrehen. Ihr verlasst die Räumlichkeiten.

»Wo ist denn eigentlich Prinz Eugen begraben?«, möchtest du wissen.

Blick vom Oberen Belvedere über Wien

»Er wurde im Stephansdom in der Kreuzkapelle zur letzten Ruhe gebettet. Auf seinem Grabmahl steht geschrieben: ›Christus ist Anfang und Ende. Für Eugenius, den überaus siegreichen Feldherrn, den uns Gott zur Bewahrung der Christenheit zugestanden hat, als Hofkavalier und mit der Leitung des Kriegswesens beauftragt, Gesandter in Deutschland, Statthalter in Italien, dort wie da äußerst erfolgreicher Heerführer, dessen Begräbnisfeier fürwahr, die in dieser heiligen Basilika mit höchster Ehre gefeiert wurden, durch dieses großartige Grabmal einige Dauer erlangen werden.‹ Sein Herz wurde in der Grabkirche des Königshauses Savoyen in Turin bestattet.«

Nach dem Tod des Prinzen erwog Maria Theresia, ihre Sommerresidenz im Belvedere einzurichten, das Schloss erwies sich jedoch als zu klein für die vielfältigen Aufgaben einer Kaiserresidenz. Aber gefeiert wurde hier, so im Jahre 1770, als ein großartiges Fest anlässlich der Vermählung Marie Antoinettes mit dem französischen Dauphin abgehalten wurde. Das Schloss wurde von 13.000 Kerzen, angebracht auf 100 Kristalllustern und 300 Wandleuchtern, und der Garten von Tausenden »Feuervasen« erhellt. Sogar ein eigenes Ballhaus war für diesen Anlass errichtet worden.

Seit 1781 dient das Obere Belvedere als Museum. Die kaiserliche Gemäldegalerie wurde hier neu aufgestellt und der Öffentlichkeit zugänglich gemacht. Sie blieb hier bis zur Eröffnung des Kunsthistorischen Museums. Der Westflügel diente zeitweise Wohnzwecken, so wurde er von Thronfolger Franz Ferdinand und seiner Familie bis zur Tragödie von Sarajevo am 28. Juni 1914 bewohnt.

Joey beendet den Ausflug mit den Worten: »Ich habe dir noch gar nichts von Eugens militärischen Leistungen erzählt, aber dafür ist es heute schon zu spät. Gar nicht weit von hier ist das Heeresgeschichtliche Museum, das solltest du bei Gelegenheit besuchen.«

Spezielle Touren

Durch die Römerstadt Vindobona: Lagermauer und Hauptkanal

Du hast dich mit Joey auf der Freyung verabredet. »Vor 2000 Jahren kamen die Römer an die Donau«, sagt Joey, »und genau hier war ihr erster Stützpunkt – in Vindobona, wovon man ein paar Reste gefunden hat. Aber wir sind jetzt im 2. Jahrhundert, und da gibt es bereits ein richtiges Legionslager direkt am Steilhang der Donau.«

Joey zaubert dich und sich in die Römerzeit zurück. Angetan mit Römertoga und Lorbeerkranz geht ihr zum nahen Bach, der die natürliche Grenze des Lagers bildet, zum Ottakringer Bach (heute Tiefer Graben). Auf seinem anderen Ufer ragt eine solid gebaute Mauer mit ihren Wehrtürmen auf.

»Die Straße, die entlang ihrer Innenseite verläuft, ist die Via sagularis. Im Boden darunter verläuft der Hauptkanal, der mannshoch ist. Willst du seine Reste sehen?« Nach einem kurzen Abstecher zur Feuerwehrzentrale Am Hof (Nr. 9, Feuerwehrzentrale), wo sich die Ausgrabung befindet, erzählt Joey weiter: »An die Via sagularis schließen auf der Stadtseite die für 5000 Soldaten bestimmten Kasernen an.«

Man hat Spuren davon unter anderem beim Bau der Tiefgarage (Am Hof Nr. 2) gefunden, wobei auch der Kopf einer Genius-Statuette entdeckt wurde.

»Lass uns die Stadtmauer entlanggehen.«

Joey führt dich in die Naglergasse, wo man an deren Krümmung hinter dem Heidenschuss bis heute die abgerundete Ecke der Stadtmauer (Gedenktafel auf Nr. 2) erkennt.

»Da es auf dieser Seite keine natürliche Grenze gibt, hat man vor der Mauer einen Graben angelegt.«

Das Peilertor entstand aus der Porta decumana, dem Haupttor des Römerlagers

An ihn erinnert nicht nur die Vertiefung des Haarhofes, sondern auch der Name des wichtigsten Platzes im Zentrum, des Grabens. Joey führt dich weiter zur Porta decumana, dem Haupttor des Lagers, das als Peilertor noch bis 1732 am Ende der Tuchlauben (zwischen den Häusern Nr. 1 und 2) stand.

»Durch dieses Tor«, sagt Joey, »führt die Via decumana, eine der beiden Hauptstraßen des Lagers aus dem Lager hinaus zur Limesstraße.«

Ihr geht die Decumana (heute Kohlmarkt) entlang bis zur Kreuzung (heute Michaelerplatz) mit der Limesstraße. Deren Verlauf ist (mit Abweichungen) noch heute an den Straßenzügen Herrengasse (Wallnerstraße), Augustinerstraße, Rennweg (wo vermutlich die Zivilstadt lag) und Simmeringer Hauptstraße erkennbar.

Die römischen Ausgrabungen auf dem Michaelerplatz

In den Jahren 1989/91 fand man bei archäologischen Ausgrabungen auf dem Michaelerplatz eine Straßenkreuzung und Reste von vier verschiedenen Häusern. Vermutlich als Fachwerkhäuser errichtet und mehrmals umgebaut, wurden sie bis ins 5. Jahrhundert hinein bewohnt. Das östlich der Kreuzung liegende Haus besaß eine Vorhalle, war mit einer Fußbodenheizung und einer Wandheizung ausgestattet und mit Fresken ausgemalt, von denen sich Reste von gemalten Weinranken erhalten haben – vielleicht war es einmal eine Weinschänke.

»Diese Gebäude gehören zu den sogenannten Canabae, den Vororten, die das Lager außen umgeben. Hier kommen die Soldaten nach Dienstschluss her. Denn im Lager ist jedes Privatleben streng verboten, Frauen dürfen nicht hinein.«

Legionäre mussten bis zu Beginn des 3. Jahrhunderts unverheiratet bleiben, wogegen sich der heilige Valentin auflehnte – nicht ohne Grund ist er der Schutzpatron der Liebenden!

Ihr geht über den Kohlmarkt zurück zur Via sagularis bis zum heutigen Stephansplatz.

»Hier biegt die Lagermauer ab nach Norden«, erklärt Joey. »Sie folgte der Rotenturmstraße, der Kramer- und der Ertlgasse, dem Rabensteig und verlief entlang des Donaukanals zum Salzgries, um dann wieder auf den Ottakringer Bach (Tiefer Graben) zu treffen. Der Torturm der Porta principalis dextra dürfte im Bereich des Hauses Kramergasse Nr. 9 gestanden haben (ein modernes Mosaik erinnert daran), die Porta principalis sinistra hingegen bei der Wipplingerstraße

Römische Reste auf dem Michaelerplatz

vor dem Tiefen Graben. Teile der Römermauern standen noch im Mittelalter und gaben den Verlauf der heutigen Straßenzüge vor. Die beiden Straßenzüge Wipplingerstraße und Marc-Aurel-Straße folgen heute allerdings nicht mehr genau dem Verlauf der Viae Principalis, Decumana und deren Fortsetzung Praetoria, sondern weichen zum Haupteingang des (nicht mehr existierenden) Berghofes ab.

Ihr kommt nun zum Hohen Markt, wo du schöne, zum Teil verzierte Gebäude siehst: »Hier ist das Zentrum des Lagers mit dem Prätorenpalast und den Offiziershäusern. Die Markomannen nördlich der Donau bedrohen ständig unsere Grenze. Also kam vor Kurzem sogar Kaiser Marc Aurel hierher, um gegen sie in den Kampf zu ziehen.«

Ein Geschichtsschreiber berichtet, dass der Kaiser am 17. März 180 in Vindobona gestorben sein soll, was vermutlich gar nicht stimmt. Der Name der Marc-Aurel-Straße in der Nähe und seine Figur auf der Ankeruhr am Hohen Markt erinnern jedenfalls an ihn.

Das Römermuseum

Unter dem Hohen Markt kannst du dir im Römermuseum Ausgrabungen ansehen und Dokumentationen studieren. Danach weißt du genau, wie Vindobona aussah und dass damals schon über 30.000 Menschen im Wiener Raum wohnten: ein buntes Völkergemisch aus Einheimischen und Zuwanderern aus allen Teilen des Römischen Reiches. Du erfährst, wie sie lebten – und sogar, was sie gegessan haben. Du kannst mit nachgebauten Teilen des Legionslagers spielen, dich selbst als Römer kleiden und an einer Kinderführung teilnehmen.

Vom Pestlazarett zum Klinikum (AKH)

Das Josephinum

Du beginnst den Spaziergang durch die Medizingeschichte am besten mit einem Besuch des Josephinums (9., Währinger Straße 25), dessen Sammlungen sehr interessant sind. Es wurde von Kaiser Joseph II. als Schule für Militärärzte gegründet. Hier ausgebildete Wundärzte (Medico-Chirurgen, die ursprünglich aus dem Stand der Bader, Betreibern öffentlicher Bäder, hervorgegangen waren) hatten noch bis ins beginnende 20. Jahrhundert hinein vor allem auf dem Land die medizinische Grundversorgung der Bevölkerung über. Die letzten Wundarztdiplome wurden 1873 verliehen.

Joey, diesmal in einen weißen Ärztekittel gekleidet, zeigt dir alte chirurgische Instrumente: »Schau, wie genau und technisch perfekt sie gemacht sind. Operationen mussten früher blitzschnell durchgeführt werden, es gab ja noch keine Narkose. Die Patienten waren während der Eingriffe fest angebunden oder wurden von Arzthelfern gehalten.«

Dann führt dich Joey zu lebensechten Wachsfiguren: »Die Medizinstudenten durften bis ins 18. Jahrhundert echte Leichen gar nicht sezieren, daher lernten sie den menschlichen Körper mithilfe solcher Modelle kennen. Sind sie nicht schön gemacht? Die ›schwangere Venus‹ ist sogar mit einer Perlenkette geschmückt!«

Das Lazarettviertel

Nachdem ihr das Museum verlassen habt, erklärt Joey: »Die ganze Gegend hier, ein großer Teil vom Alsergrund (9. Bezirk), diente schon immer medizinischen Zwecken. Auf

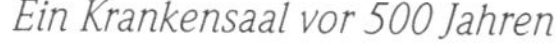

Ein Krankensaal vor 500 Jahren

dem Areal hinter dem Josephinum stand im 17. Jahrhundert der Kontumazhof, die Quarantänestation für alle, die mit Pestkranken in Berührung gekommen oder soeben von der Pest genesen waren. Im Jahre 1713 diente er als Pestlazarett. 1783 entstand dort das Garnisonsspital für die kranken Soldaten.«

Dem Josephinum gegenüber, auf der anderen Seite der Währinger Straße, befand sich bis 1868 das Bäckerhäusl am Alsbach, das der Stadt Wien als Versorgungshaus für die Gebrechlichen diente. Seinen Namen verdankte es dem gotischen Bäckerkreuz, das sich bis heute erhalten hat, wenn auch an einer anderen Stelle (im Innenhof der Bäckerinnung, 8., Florianigasse 13).

Die Als floss im Bereich der Lazarettgasse über die Spitalgasse hin zur Nußdorfer Straße, wo sie mit dem Währinger Bach zusammentraf, und weiter zur Kleinen Donau (Friedensbrücke). Das große Gebäude in der Boltzmanngasse Nr. 9 (heute Priesterseminar) ist das ehemalige Spanische Spital. Kaiser Karl VI. gründete es 1717 für seine Untertanen, die aus früheren spanischen Ländern stammten. Hier wurden im 18. Jahrhundert auch Ärzte ausgebildet. 1769 wurde der nahe Strudelhof (benannt nach dem Bildhauer und Maler Peter Strudel, der den Strudelhof 1690 errichten ließ und dort eine Privatschule für Maler einrichtete) bei einer Versteigerung zugekauft und als Spital für Personen mit ansteckenden Krankheiten verwendet.

Joey führt dich über die Währinger Straße hinüber in die Sensengasse: »Hier in der Nähe stand schon 1298 das Siechenhaus St. Johannes in der Siechenals, das für die Aussätzigen bestimmt war.«

Weißt du, was der Aussatz ist? Lass es dir von Joey erklären.

Die Lepra

»Die Krankheit nennt man auch Lepra oder Miselsucht, sie kommt bei uns nicht mehr vor. Die Leprösen galten als unsauber, hässlich, abstoßend, kaum noch menschenähnlich, flößten Angst ein, erregten Anstoß und gehörten daher aus der Stadt entfernt (ausgesetzt, daher die Bezeichnung Aussatz).

Die Mitmenschen ekelten sich nicht nur vor den Kranken, sondern auch vor deren unbekannten, grauenhaften Sünden – und vor der Erbsünde, da die Lepra die Strafe Gottes dafür sein musste. Möchtest du wissen, was man mit den Kranken gemacht hat?«

Neugierig geworden, nickst du, und Joey nimmt dich wieder in die Vergangenheit mit.

Das Schicksal der Kranken

Ihr steht vor einem Haus aus alten Römersteinen und Holz auf dem Graben, der erst vor Kurzem zu einem Platz aufgeschüttet wurde. Es ist überall sehr staubig, ein heißer Tag. Vor dem Haus drängen sich viele Leute. Ihr hört sie laut klagen.

»Ist das ein Begräbnis?«, willst du von Joey wissen.

»Schau genau hin. Siehst du einen Sarg?«

Das nicht, aber trotzdem formt sich eine Leichenprozession: Voran schreiten Ministranten und Priester, hinter ihnen kommt eine verhüllte Gestalt, gefolgt von Mitgliedern der Familie und Freunden. Der Zug geht zur Peterskirche, wo eine Seelenmesse gelesen wird. Sie gilt einem Toten – aber der lebt ja noch! Er kniet verhüllt vor dem Altar. Dann kommen alle heraus auf den Petersfriedhof. Der lebende Tote wird in ein ausgehobenes Grab gelegt, der Priester bewirft ihn drei Mal mit Erde.

Fassungslos siehst du zu. Wird da jemand lebendig begraben?

Die Zeremonie ist aber noch nicht zu Ende. Der Mann wird wieder aus dem Grab geholt, und der Trauerzug macht sich auf seinen Weg. Es geht bei den Schotten hinaus über die Als zum Siechenhaus, wo der Kranke in Zukunft in der Bruderschaft der Leprösen leben wird. Er wird nie wieder eine Kirche, einen Marktplatz, ein Wirtshaus oder ein Badhaus mehr betreten. Er darf nie mehr barfuß gehen, nie mehr außerhalb des Siechenhauses aus einem Brunnen trinken und nichts ohne Handschuhe berühren. In seinen Mantel gehüllt, darf er betteln gehen, muss aber mit einer Klapper alle Leute vor seiner Gegenwart warnen.

Joey schließt mit den Worten: »Die Lepra war nicht sehr ansteckend, es gab nicht viele Kranke in Wien. Obwohl sie noch lebten, galten sie als tot. Ihre Ehepartner durften aber erst nach ihrem richtigen Tod wieder heiraten.«

Was für ein schreckliches Schicksal diese armen Kranken hatten!

Das Lazarett

Nachdem ihr einen Schluck Wasser zur Beruhigung getrunken habt, fragt Joey: »Willst du noch mehr über die großen Seuchen wissen?« Natürlich! Also erzählt Joey weiter: »In der Sensengasse stand ab 1544 das Lazarett, das nach dem ehemaligen Siechenhaus am Rennweg St. Lazar (dem späteren Spital St. Marx) so benannt wurde. Ein Teil davon ist heute der Arne-Carlsson-Park. Hierher brachte man die Pestkranken, sie durften nicht im eigenen Haus und im Kreis der Familie sterben. Wie rasch das Ende nahte, erschreckte die Leute zutiefst.«

Das »Lazareth« bestand aus zwei Flügeln, zwischen denen

sich der »Freythof« befand. Insgesamt standen 13 Krankenstuben zur Verfügung, die nach Heiligen benannt waren: fünf Männerstuben für 103 und vier Weiberstuben für 62 Kranke, ferner vier Stuben für 73 Genesende.

»Wie es da zuging, habe ich in der ›Pestbeschreibung‹ von 1713 gelesen«, sagt Joey. »Alles war überfüllt, es herrschten entsetzliche Zustände, die Sterbenden lagen haufenweise beieinander. Sie wurden oft gleich mit den Toten zusammen in die Pestgruben geworfen, die man im Freythof vor der Tür (und neben dem Trinkwasserbrunnen) ausgehoben hatte. Im Pestjahr 1679 waren es 25.000, und 1713 weitere 7000 Leichen. Als man später hier baute, stieß man überall auf Gerippe. Einige davon waren mit Eisenketten gefesselt, es handelte sich um verurteilte Verbrecher, die man aus ihren Kerkern ebenfalls ins Lazarett geschafft und nach ihrem Tod hier beerdigt hatte.«

Friedhöfe gab es seinerzeit gleich mehrere im heutigen 9. Bezirk. Joey zeigt dir Fotos von Gräbern, die im Bereich der Sensengasse gefunden wurden. 1717 wurde der Schottenfriedhof angelegt und 1751 wieder aufgelassen, ihm gegenüber, auf dem Areal der Gerichtsmedizin, lag der Friedhof des Großarmenhauses, das unter Kaiser Joseph II. zum Allgemeinen Krankenhaus umgebaut wurde. Er veranlasste aus hygienischen Gründen 1784 übrigens die Auflassung sämtlicher Friedhöfe innerhalb des Linienwalls (heute: Straßenzug Gürtel), womit der Verbauung der Gräberfelder oder ihrer Umwidmung zu Parkanlagen nichts mehr im Wege stand.

Das Allgemeine Krankenhaus

Am Ende der Sensengasse sieht man hinüber zum Neuen AKH mit seinen charakteristischen Türmen, die hinter den Neuen Kliniken (Spitalgasse 23/Lazarettgasse 14) aus der Zeit

Der 8. Hof des Alten AKH

um 1900 entstanden sind. Ihr schönes altes Portal ist leider verloren gegangen. Hinter der Gerichtsmedizin verborgen, aber von der Sensengasse aus über einen kleinen Park und eine Treppe zu erreichen, findet man eine besondere Sehenswürdigkeit: den Narrenturm, bestimmt für die »unglücklichen Opfer des Wahnwitzes«, wie es der Kaiser formulierte. In dem runden Gebäude, das unter Joseph II. die damals fortschrittlichste Irrenanstalt von ganz Europa darstellte, waren 200 bis 250 Geisteskranke untergebracht. Vorher wurden sie nämlich generell wie Verbrecher behandelt. Heute befindet sich in dem Gebäude das Pathologisch-anatomische Bundesmuseum, eine eher schaurige Sehenswürdigkeit, die für kleinere Kinder nicht geeignet ist.

Danach fällt der Blick auf ein nahes, kleines und schön renoviertes Gebäude zwischen den Blöcken des Garnisonspitals und des Allgemeinen Krankenhauses (Hof 8): Es ist der Betpavillon für die Kranken jüdischen Glaubens, der 1903 errichtet wurde. Gleich dort beginnt die Van-Swieten-Gasse, die entlang des ehemaligen Garnisonspitals zurück zum Josephinum führt.

Bevor du aber den Rundgang dort beendest, machst du mit Joey noch eine Runde durch das Alte AKH, das heute nicht mehr den Kranken, sondern als Universitätscampus den Studenten dient. Die Tore sind beschriftet, man erfährt ihre Namen und ihre Geschichte, und in den Höfen entdeckt man Büsten und Denkmäler führender Wiener Ärzte. Vor der Kapelle steht Kaiser Joseph II., und beim Haupttor trifft man Professor Theodor Billroth, der mit Marmoraugen aus steinernem Antlitz freundlich auf die Besucher blickt.

Der St. Marxer Friedhof

Die Pompfüneberer

An einem sonnigen Tag Ende April hast du dich mit Joey beim Eingang des St. Marxer Friedhofs verabredet. Am besten fährst du mit der Straßenbahn 71 bis zur Station St. Marx, gehst zur Leberstraße hinauf und links bis zur Nr. 6–8.

Aus der Ferne siehst du zwar keine Spur von Joey, dafür aber eine sehr eigentümlich gekleidete Person, die vor dem Tor steht. Der Mann ist ganz in Schwarz gekleidet, mit einem langen Mantel, Zylinder und Trauerflor.

»Ist der aber unheimlich«, murmelst du im Näherkommen und erschrickst nicht schlecht, als er dich vor dem Eingang anspricht. Ein Blick in seine schelmischen Augen verrät dir endlich, dass es Joey ist, einmal mehr in ungewöhnlicher Verkleidung.

»Hallo, ich bin der Pompfüneberer Joseph Rothmayer!«

Lachend prustet du heraus: »Was bitte ist ein pompfi…?«

»So nannte man im 19. Jahrhundert in Wien die Totengräber. Das kommt aus dem Französischen (›Entrepreneur des pompes funèbres‹, Bestattungsunternehmer). Ich bin für diesen Friedhof verantwortlich und wohne gleich hier.«

Joey zeigt auf das zweistöckige Wärterhaus, das rechts neben dem Eingang steht. »Und links gegenüber ist die Leichenkammer. Da werden die Toten 48 Stunden lang aufgebahrt, damit ja niemand lebendig begraben wird.«

Dich gruselt bei dem Gedanken: »Ist denn so etwas schon passiert?«

»Sehr wohl! In alten Gräbern fand man oft genug Skelette, die ganz sonderbar verdreht waren, manche sogar mit dem Rücken nach oben. Oder die Innenseite eines Sargdeckels war zerkratzt, weil der Scheintote versucht hatte, sich zu befreien. Viele Menschen hatten schreckliche Angst vor einem solchen Schicksal und versuchten auf verschiedene Weise, sich davor zu schützen.«

Lebendig begraben

Das möchtest du genauer wissen, und Joey Rothmayer erzählt dir gerne, was er weiß.

»Eine der Erfindungen, die hier Abhilfe schaffen soll, ist der Rettungswecker: Dabei wird den Verstorbenen eine Schnur um das Handgelenk gebunden, die zu einem Wecker im Zimmer des Wärters, also zu meinem Zimmer, führt. Der Wecker soll bei der geringsten Bewegung des Begrabenen läuten. Und das tut er dann auch, und zwar bei fast allen Toten!«

»Wieso denn das?«

Totengräber Joey erklärt dir den Grund: »Wenn die Leichenstarre nachlässt, entweichen Gase. Dadurch bewegt sich der Tote, und es kommt zu unzähligen Fehlalarmen! Ich kann kaum eine Nacht durchschlafen.« Joey gähnt. »Dabei gibt es sicherere Methoden, beispielsweise den Herzstich. Dazu müssen zuerst zwei Ärzte den Tod eines Menschen feststellen, und dann noch ein dritter Arzt. Dieser erst darf dem Toten ein Herzstichstilett ins Herz stoßen, damit er nicht gar lebendig begraben wird.«

Der Friedhof St. Marx, heute eine Parkanlage

Du schüttelst dich, und eigentlich hast du schon genug von Scheintoten gehört und würdest lieber durch den Friedhof streifen.

Aber Joey ist nicht zu bremsen: »Anderen Toten werden Glöckchen an die Finger gehängt, oder man füllt die Särge mit Gas. Manche Leute lassen sich ohne Sargdeckel begraben, damit sie bei einem möglichen Scheintod zumindest sicher sein können, zu ersticken, wenn das Grab zugeschüttet wird. Oder aber der Sarg bleibt für eine Weile offen, und eine Leiter wird ins Grab gestellt, damit der Scheintote nach seinem Erwachen heraussteigen kann.«

Du bist ganz blass vor Grauen, als Joey plötzlich wieder in Jeans und T-Shirt neben dir steht. Die Leichenhalle ist verschwunden, stattdessen siehst du die große Informationstafel mit dem Plan des Friedhofs. Er hat eine beinahe rechteckige Form und eine Fläche von rund 60.000 Quadratmetern, umgeben von einer Ziegelmauer. Von den ursprünglich 8000 Gräbern haben sich 5635 bis heute erhalten, was erstaunlich ist. Auf der Tafel sind aber nur die 200 berühmtesten Toten angeführt. Anhand der Nummern kannst du jeden von ihnen finden. Hier wurden viele Künstler wie Musiker, Architekten, Bildhauer, Maler, Graveure, Sänger, Schauspieler, Tänzer, Praterunternehmer, Feuerwerker und Kunstreiter begraben, aber auch viele Beamte, Offiziere und Soldaten, Kaufleute und Adelige, Priester, Erfinder und Mediziner. Das biedermeierliche Wien gibt sich hier ein ewiges Stelldichein.

Mozarts Schädel

Joey führt dich rechts am Wärterhaus vorbei, bis ihr am Ende des Weges vor dem Grab des Kupferstechers Jakob Hyrtl (1799–1868) steht.

»Jakob und sein Bruder, der bekannte Anatom Josef Hyrtl, beschäftigten sich beide mit der Gall'schen Schädellehre, die damals in Mode war: Der Arzt Franz Josef Gall nahm unrichtigerweise an, man könne am Schädel die Eigenschaften eines Verstorbenen erkennen, ein musikalisches Genie würde man an der Form und Größe der Schläfenknochen erkennen. Was für ein interessantes Studienobjekt würde da Mozarts Schädel abgeben!

Jakob Hyrtl setzte sich also mit dem Totengräber von St. Marx, Rothmayers Nachfolger Radschopf, in Verbindung, von dem es hieß, er habe Mozarts Schädel in Verwahrung, den sein Vorgänger bei einer Neubelegung des Grabes an sich gebracht habe, und bat ihn, ihm diesen zu überlassen. Der Schädel, den Radschopf Hyrtl gab, kann jedoch leicht zu jemand anderem gehört haben. Denn Rothmayer wusste zwar, in welchem Schachtgrab Mozart zur letzten Ruhe gebettet worden war, aber darin waren ja noch andere Tote knapp vorher und nachher beigesetzt worden. Außerdem hatte er selbst Mozart gar nicht begraben, das war ein gewisser Simon Preuschl gewesen.«

Mozart als kleiner Bub

»Gibt es den Schädel noch?«, willst du wissen.

»Ja, er kam auf Umwegen, wobei er auch vertauscht hätte werden können, 1902 ins Mozarteum nach Salzburg. Vor ein paar Jahren wurde er wissenschaftlich untersucht, aber nicht einmal ein Gentest brachte Licht ins Dunkel, und nach wie vor kann man weder die Echtheit beweisen noch das Gegenteil.«

Was, wie du denkst, auch nicht besonders wichtig ist.

Der Bruder des Walzerkönigs

»Lass uns zum Grab der Familie Strauß weitergehen, es ist in der vierten Gräberreihe«, sagt Joey. »Hier liegen Mutter Anna Strauß (1801–1870) und ihr zweiter Sohn Josef begraben.«

Der technisch begabte Josef Strauß (1827–1870) hatte am Wiener Polytechnikum (heute Technische Universität Wien) studiert und später sogar zwei Staßenkehrmaschinen konstruiert. Als sein Bruder Johann völlig erschöpft im Jahre 1852 von einer Konzertreise zurückkam, ließ er sich von Josef als Kapellmeister vertreten. Zu der Zeit komponierte dieser seinen ersten Walzer und gab ihm den Namen »Die ersten und die letzten«, da er nicht die geringste Lust zum Komponieren hatte und so rasch wie möglich zur Technik zurückkehren wollte.

Johann ging jedoch immer öfter auf Konzertreisen und ließ sich stets von Josef in Wien vertreten, bis sich auch dieser nur mehr der Musik widmete und über 300 Musikstücke komponierte.

Er war mit Caroline Pruckmayer verheiratet, gemeinsam hatten sie eine Tochter. Josef war ein kränkelnder, gefühlvoller Mann. Am Sterbebett seiner Mutter Anna erlitt er einen Zusammenbruch, von dem er sich nicht mehr erholte. Auf den Tag genau fünf Monate später folgte er seiner Mutter in das Grab, auf dem heute nur ein einfacher, kleiner Stein ohne Verzierung mit stark verblasster Inschrift steht.

»Im Oktober 1909 wurden die sterblichen Überreste beider in einem Ehrengrab auf dem Wiener Zentralfriedhof (Gruppe 32 A, Nr. 44) neu beigesetzt, ihr Grabstein kam auch dorthin. Genauso hat man es mit vielen anderen Gräbern gemacht, die von St. Marx in den Ehrenhain übersiedelt wurden.«

Du wunderst dich darüber, doch Joey erklärt: »Du musst wissen, dass der neue Zentralfriedhof bei der Bevölkerung gar nicht beliebt war, lag er doch weit außerhalb der Stadt und war anfänglich ziemlich trostlos. Da beschloss der Gemeinderat 1881 die Errichtung einer Ehrengräberanlage. Dorthin wurden die sterblichen Überreste vieler berühmter Persönlichkeiten von anderen Friedhöfen verlegt, sodass die verstorbenen Wiener in guter Gesellschaft ruhen konnten.«

Kornhäusel und Madersperger

Viele Grabsteine stehen schief, verwitterte Engelsgesichter blicken aus dem Blättergewirr heraus, Insekten tun sich am Flieder gütlich. Er bildet den Blumenschuck der Gräber. Ihr geht über den Hauptweg hinauf bis zur 14. Gräberreihe. In deren Mitte findet ihr das Grab von Josef Kornhäusel (1782–1860). Auf dem Stein steht ein Kreuz.

»Erinnerst du dich an den Namen?«, schaut Joey dich prüfend an.

Der Name sagt dir etwas: »Natürlich, das war ein Architekt, er hat den Kornhäuselturm und die Synagoge in der Judengasse gebaut!«

Ihr geht zurück zum Hauptweg und noch ein Stückchen aufwärts bis zu den Schachtgräberfeldern. Ihre Flächen liegen etwa in der Mitte des Friedhofs. Gleich rechts auf der Wiese siehst du ein schön gepflegtes Grab: Josef Madersperger (1768–1850), der Erfinder der Nähmaschine, wurde genau wie Mozart gemeinsam mit mehreren anderen Toten in einem Schachtgrab bestattet. Die Wiener Schneiderinnung hat ungefähr an der Stelle ein gusseisernes Kreuz errichtet und schmückt das Grab bis zum heutigen Tag.

Der Erfinder steckte alle seine Ersparnisse und seine Freizeit in die Entwicklung einer Nähmaschine, die die Bewegung der nähenden Hand nachahmte. Diese »Nähhand« stellte er erstmals 1814 vor und bekam ein Privileg (Patent) auf drei Jahre, das er aber ungenützt verstreichen ließ. 1839 erfand er eine weitere Maschine, die den Webvorgang nachahmte und mit dem Kettenstich arbeitete. Doch erlaubten es seine Mittel nicht, sie produzieren zu lassen, und so schenkte er das Modell noch im selben Jahr dem Polytechnischen Institut. Er starb 1850 völlig verarmt im Wiener Versorgungshaus.

Das vorgebliche Grab Mozarts

Vor Mozarts Grab

Joey zieht dich ungeduldig ein Stückchen den Weg hinauf und zeigt auf ein anderes gepflegtes Grab auf der linken Seite, immer noch im Bereich der ehemaligen Schachtgräber.

»Das ist das Grab von Wolfgang Amadeus Mozart. Er wurde 1756 geboren und starb 1791«, sagt Joey.

»Aber hast du mir nicht zuerst erzählt, dass man die Stelle gar nicht genau kennt?«

»Das ist richtig, aber 1855, ein Jahr vor Mozarts 100. Geburtstag, gab der Wiener Bürgermeister Johann Kaspar von Seiller den Auftrag, die möglichst exakte Position von Mozarts Grab zu finden. Nachdem die Aussagen verschiedener Personen ausgewertet waren, entschied man sich für eine Stelle im Bereich der dritten und vierten Schachtgräberreihe, an der sich Mozarts Gebeine laut Protokoll zumindest ›mit größter Wahrscheinlichkeit‹ befanden, und ließ dort vom Bildhauer Hanns Gasser 1859 ein würdiges Grabdenkmal errichten.«

Du zeigst hin: »Dieses hier, ja? Ein trauernder Engel mit erloschener Fackel neben einer Säule, auf ihrem Sockel steht Mozarts Name.«

Joey schüttelt den Kopf: »Das ist aber nicht das Grabmal von Gasser, denn das wurde 1891 entfernt und im Ehrenhain des Zentralfriedhofs neu aufgestellt. Dieses hier hat der Friedhofswärter Alexander Kugler danach aus nicht mehr benötigten Teilen anderer Grabmäler errichtet.«

Du erinnerst dich sicher, dass sich um Mozarts Tod und sein Begräbnis zahlreiche Legenden ranken. Mozart war am 5. Dezember 1791 in seiner letzten Wohnstätte in der Rauhensteingasse am Frieselfieber gestorben und wurde noch am selben Tag im Stephansdom aufgebahrt. Am 6. Dezember gegen 18 Uhr machte sich der Leichentransport vom Dom auf den Weg nach St. Marx, wo Mozart vorschriftsmäßig 48 Stunden lang in der Leichenhalle verblieb und am 8. Dezember in einem Schachtgrab beigesetzt wurde, das noch fünf weiteren Toten als letzte Ruhestätte diente. Denn damals galt die Begräbnisordnung von Kaiser Joseph II., die teure Leichenfeiern abschaffen wollte. Die Angehörigen und Trauergäste durften den Toten nur bis zur Stadtgrenze folgen, nicht aber bis zum Friedhof. Die Errichtung von Grabsteinen war verboten,

Ein Duftgenuss: der St. Marxer Friedhof zur Fliederblüte

ausgenommen direkt an der Friedhofsmauer, weshalb sich dort die ältesten Gräber befinden.

Die Wiener ließen sich diese Vorschriften nicht lange gefallen, und die Kirche auch nicht. So gehörte die Verordnung bald der Vergangenheit an, genauso wie der Sparsarg, den Joseph II. mit folgender Begründung eingeführt hatte: »Weil bei den Toten der einzige Zweck die Verwesung sei, so sollen diese in Hinkunft ganz ohne Kleidung in ein Tuch eingewickelt und mit Kalk bestreut werden.« Der wiederverwendbare Sarg hatte einen geteilten Boden, der aufgeklappt wurde, um den Leichnam in die Grube fallen zu lassen. Sogar ein Modell für Kinder hat es gegeben.

Joey empfiehlt dir einen Besuch im Bestattungsmuseum auf dem Zentralfriedhof: »Dort kannst du einen Sparsarg sehen, und übrigens auch den Rettungswecker und vieles andere rund um das Bestattungswesen.«

Ihr setzt euch gemütlich auf eine Bank, umgeben von Fliederbüschen, da und dort sprießt Goldregen hervor. Vom Duft fast benommen, trinkst du einen Schluck Wasser aus der mitgebrachten Flasche. Joey nützt die Pause, um dir kurz die Geschichte des Friedhofs zu erzählen.

Kleine Geschichte des St. Marxer Friedhofs

Nachdem Kaiser Joseph II. mit einer Seuchen- und Hygieneverordnung die Auflassung sämtlicher Friedhöfe im Stadtgebiet und in den Vorstädten veranlasst hatte, wurden außerhalb des Linienwalls fünf Kommunalfriedhöfe gegründet (St. Marx, Am Hundsturm, Matzleinsdorf, Auf der Schmelz, Währing). Die jüdische Gemeinde musste ihren Friedhof nach Währing verlegen, wo er sich bis heute erhalten hat. Der St. Marxer Friedhof wurde 1784 erstmals erwähnt und 90 Jahre hindurch belegt. Seinen Namen verdankt er dem heiligen Markus (St. Marks), dem eine Kapelle des nahe gelegenen Bürgerspitals geweiht war.

Mit der Eröffnung des Wiener Zentralfriedhofs im Jahre 1874 wurden die fünf Biedermeierfriedhöfe stillgelegt. In St. Marx fanden Begräbnisse nur noch selten statt. Der Friedhof wurde nicht mehr gepflegt und verwilderte mit der Zeit. Leider verschwanden die meisten hohen Bäume wegen der Touristen aus Sicherheitsgründen und wurden durch Thujen ersetzt, aber eine interessante, vielstämmige Rotbuche von 15 Metern Höhe und ein mit Efeu überwachsener, fast ebenso hoher Baum sind noch erhalten geblieben. Dem Lehrer und Heimatforscher Hans Pemmer gelang es, die Wiener Behörden von der Erhaltungswürdigkeit des Friedhofs zu überzeugen, sodass er unter Denkmalschutz gestellt und 1937 zur Parkanlage erklärt wurde. Das Stadtgartenamt pflegt ihn und bemüht sich auch um die Restaurierung einzelner Grabsteine.

Der Komiker Hasenhut

Nach der kurzen Rast geht es weiter. Ihr findet den Grabstein von Anton Hasenhut (1766–1841), einem beliebten Schauspieler und Komiker, der unter anderem am Leopoldstädter Theater mit der komischen Figur des »Thaddädl« mit übertriebener Fistelstimme große Erfolge feierte.

Joey sagt mit feiner, hoher Kunststimme: »Ich bitt Sie recht innig, vergessen S' den alten Hasenhut nicht!« Und fügt noch ein Gedicht hinzu:

All mein Tun, all mein Bestreben,
War die Lachlust zu erregen,
Dies bezeugt mir Jedermann.
Deshalb fürcht ich kein Gericht,
Denn der Prinzipal da oben
Wird gewiss mein Streben loben,
Und im Himmel zischt man nicht.

Rechts daneben ruht der Arzt und Chemiker Adolf Martin Pleischl (1787–1867). Er führte die ersten Wasseranalysen

Der Praterunternehmer
Basilio Calafati

durch und machte sich dadurch um Kurorte wie Karlsbad verdient.

Brrruh! Dir dröhnen die Ohren vom Lärm der Südosttangente, die hier direkt am Friedhof vorbeiführt und den Frieden des Ortes stört.

In der griechisch-orthodoxen Abteilung macht dich Joey auf zwei Persönlichkeiten aufmerksam: »An dieser Stelle lag bis zu seiner Verlegung auf den Zentralfriedhof Basilio Calafati (1800–1878) begraben. Ich habe dir im Prater von ihm und seinem ›großen Chines‹, der riesigen chinesischen Figur, erzählt.«

Dann zeigt dir Joey an der Ziegelmauer eine Platte mit dem Namen des griechischen Freiheitskämpfers Fürst Alexander Ypsilantis (1792–1828), dem »Anführer der nationalen Erhebung der Griechen«. Seine Reste wurden 1964 nach Athen überführt.

Eine Frau reist um die Welt

»Joey«, bittest du, »lass uns auf eine Pizza und ein Cola gehen, ich kann nicht mehr!«

Aber Joey hat kein Erbarmen: »Eine Grabstätte muss ich dir unbedingt noch zeigen, komm!«

Es hilft kein Ächzen und kein Stöhnen, weiter geht es, aber immerhin in Richtung Ausgang, zu einem kleinen Ersatzgrabstein, auf dem du nur mit Mühe den Namen von Ida Pfeiffer (1797–1858) lesen kannst.

Verwandelt in eine eine kleine, ältere Dame von leicht gebeugter Haltung, mit langsamen, kontrollierten Bewegungen, in Männerhosen und Schnürstiefeln, kommt Joey hinter einem Fliederbusch hervor und stellt sich als Weltreisende vor.

Du schüttelst den Kopf, denn du kannst dir gar nicht vorstellen, dass eine Frau im 19. Jahrhundert schon die Welt bereist hat.

Doch Ida sagt: »Oh doch! Und ich gehe grundsätzlich nur alleine auf Reisen, ich brauche keinen Schutz.«

»Das muss sehr gefährlich und auch teuer sein!«

»In vielen Teilen der Welt ist eine weiße Frau ein so seltener Anblick, dass ich immer wieder in Schwierigkeiten geraten bin, da hast du schon recht. Ich wurde sogar von Räubern bedroht und entging in Brasilien nur knapp einem Mordanschlag. Aber ich habe schon immer mehr Mut als Kleider im Gepäck gehabt! Ich kam in Häuser hinein, die ein Mann nie von innen gesehen hätte, und wurde viel geehrt.«

Die Weltreisende Ida Pfeiffer

Du bist beeindruckt von dieser ungewöhnlichen Frau.

Ida-Joey steht mit blitzenden Augen da und erzählt: »Ich war das dritte Kind der wohlhabenden Kaufmannsfamilie Reyer in Wien. Bis zu meinem neunten Lebensjahr, als mein Vater starb, war ich genauso gekleidet wie meine fünf Brüder und wurde genauso streng zu Mut, Entschlossenheit, Genügsamkeit und Widerstandsfähigkeit gegen Schmerzen erzogen. Schon damals las ich gerne Reiseberichte und träumte davon, ferne Länder zu sehen. Nach Vaters Tod wollte meine Mutter ein wohlerzogenes Mädchen aus mir machen. Ohne Erfolg! Um ihr zu entkommen, heiratete ich den um 24 Jahre älteren Rechtsanwalt Pfeiffer aus Lemberg. Mit 44 Jahren war ich wieder unabhängig. Ich lebte allein in Wien, mein Ehemann kehrte nach Lemberg zurück, die beiden Söhne waren erwachsen. Nun ging ich daran, mir meine Kindheitsträume zu erfüllen, denn meine Reiselust war nicht mehr zu bändigen.«

Ida eignete sich naturkundliche Kenntnisse an, unter anderem die Grundlagen fachgerechter Tier- und Pflanzenpräparation. Sie lernte Englisch und Dänisch sowie das Notwendigste über Fotografie, die noch in den Kinderschuhen steckte. Und das Geld?

»Ich war immer sparsam und habe gut mit der Veröffentlichung meiner Reisetagebücher verdient, die richtige Bestseller wurden. Jetzt fehlt nur mehr eine Reise nach Madagaskar, dann habe ich fast alle Länder dieser Welt gesehen!«

Madagaskar war damals noch nicht kolonialisiert und sehr gefährlich. Kaum war Ida dort angekommen, wurde sie festgenommen und ins Gefängnis gesteckt, wo sie am Madagaskar-Fieber erkrankte. Sie wurde des Landes verwiesen, kehrte nach Wien zurück und starb kurz darauf. Eine beeindruckende Frau, die ihrer Zeit weit voraus war. Sie hatte es verstanden, die geltenden Regeln zu sprengen und sich selbst zu verwirklichen.

Es gäbe noch mehr über St. Marx und seine Toten zu erzählen, doch Joey zieht dich mit den Worten »Jetzt haben wir uns unsere Pizza redlich verdient!« zum Ausgang.

Wissenswertes für coole Kids

Die alten Straßennamen

Die alten Straßennamen sind im Verlauf von Jahrhunderten entstanden und wurden nicht wie heute von der Gemeinde festgelegt. Die Wiener gaben einer bestimmten Stelle eine treffende Bezeichnung, und diese bürgerte sich ein. Gab es eines Tages eine noch bessere, so wurde sie ersetzt.

Einige Straßen wurden nach dem Fürstenhof, dem Adel, reichen Bürgerfamilien und auch den Juden benannt: Am Hof, Burgplatz, Schenkenstraße (nach der Familie Schenk von Hasbach), Singerstraße (nach der Familie Siniger), Heidenschuss (nach der Familie Heyden), Stoß im Himmel (nach der Familie Stoßanhimmel), Judenplatz, Judengasse; andere wieder nach Klöstern, von denen heute einige gar nicht mehr existieren: Mölkersteig, Minoritenplatz, Schottengasse, Seitzerhof (nach den aus Seitz stammenden Karthäusern von Mauerbach), Himmelpfortgasse, Laurenzerberg, Dorotheergasse (anstelle der ursprünglichen Bezeichnung Färbergasse). Oder nach den Heiligen, denen die verschiedenen Kirchen und Klöster geweiht sind: Michaelerplatz, Stephansplatz, Petersplatz. Und auch nach Gasthäusern, wie die Lammgasse nach dem »Goldenen Lammel«.

Die Beschaffenheit des Geländes war ebenfalls namensgebend: Am Gestade, Graben, Grünangergasse (ein Anger war ein grün bewachsener Platz), Kumpfgasse (ein Kumpf war ein Teich), Tiefer Graben (einstiges Flussbett des Ottakringer beziehungsweise Alser Bachs), Auwinkel (auch Sauwinkel), Hohe Brücke.

An anderen Namen erkennt man den Zweck, dem der Platz oder das Gebäude diente: Rund um den ältesten Marktplatz, den Hohen Markt, konnte man frische Fische und Krebse kaufen, am Fleischmarkt Frischfleisch und Würste, im Haarhof wurde Flachs verkauft (Haar ist die alte Bezeichnung für Flachs), am Kohlmarkt Holzkohle, in der Milchgasse Milch und Käse, am Wildpretmarkt Hasen, Rebhühner und Fasane, und am Bauernmarkt fanden sich die Bauern der Umgebung mit ihrem Gemüse, Hühnern und Eiern ein. Am Salzgries (Gries bedeutet hier feiner Sand) landeten die Salzschiffe, in der Köllnerhofgasse besaßen die Kaufleute aus Köln ein Haus, die Namen Schulerstraße und Schulhof gehen auf Schulen zurück.

Etliche Namen erinnern uns an verschiedene Berufsgruppen. Jede davon bevorzugte eine andere Gegend für ihre Läden und Werkstätten. In der Naglergasse stellten die Nadler alle Arten von Nadeln her, von der feinsten Nähnadel bis zur dicken Stopfnadel. In der Bognergasse wurden die Bogen zum Pfeilschießen gemacht. Das Haus Nr. 3 trägt noch immer den Namen »Zum Bogner«. In der Wollzeile fand man die Wollhändler, in der Bäckerstraße viele Bäcker. Auch die Goldschmiede und die Schlosser hatten ihre Gassen. In der Essiggasse wurde Essig verkauft, die Hafner (Töpfer, Ofenbauer) waren am Hafnersteig zu finden und die Krugmacher in der Krugerstraße.

Früher baute man die Häuser so, dass der erste Stock über das Erdgeschoß hinausragte und durch Säulen gestützt wurde, sodass die Passanten unten in Gängen (Lauben) bequem von Haus zu Haus gehen und auch bei Regen ihre Einkäufe machen konnten. Der Name Tuchlauben, wo einst die reichen Tuchhändler ihre Ware anboten, erinnert daran. In der Nähe des ehemaligen Ottakringer Bachs (heute Tiefer Graben) arbeiteten die Färber und die Lederer, in ihrer Nähe waren die Fütterer zu Hause, die nichts mit Tierfutter zu tun hatten, sondern Futterstoff für Kleider verkauften. In der Drahtgasse wurde Draht gezogen. Die Wallnerstraße erinnert an die Tuchwalker und die Schultergasse an die Schilter (Schildermaler). Die Kurrentgasse hat nichts mit einem Handwerk zu tun und schon gar nichts mit der alten Schreibschrift, sondern war Sitz der unbeliebten Kurrenten, der Gefällsaufseher, welche die Abgaben und Zehenten einzutreiben hatten (Vorläufer der Finanzbeamten).

Andere Gassen bekamen ihre Namen von einem ihrer Häuser, so die Jordangasse (Haus »Zum großen Jordan«), die Parisergasse (nach einem Hausschild mit dem Urteil des Paris), die Irisgasse (nach dem Ladenschild »Zur Irisblume«), die Kleeblattgasse (Haus »Zum Kleeblatt«), die vorher nach den Pfeilschnitzern Pfeilergasse geheißen hatte, oder die Kühfußgasse (nach dem Hausschild »Zum Kühfuß«).

Manche wieder erinnern an Personen, die einst für die Stadt wichtig waren, heute aber schon fast vergessen sind (Steindlgasse, Vorlaufstraße, Sonnenfelsgasse), oder an besondere Ereignisse, wie die Brandstätte an den Stadtbrand von 1313.

Da die Herkunft mancher Namen im Laufe der Zeit vergessen wurde, verbanden die Wiener etliche Ereignisse mit Häusern, zu deren Namen die Begebenheit zufällig passte, oder erfanden zu dem Zweck sogar Legenden. Gute Beispiele dafür sind der Heidenschuss und der Stoß im Himmel.

Die Legende vom Stoß im Himmel

Dort lebte einst eine hochmütige, eitle Bürgerin, die den ganzen Tag vor dem Spiegel saß und dabei ihren Haushalt und den Kirchgang ganz vergaß. Als sie eines Tages an einem Bild der Muttergottes vorüberging, machte sie sich über deren einfache Kleider lustig. Die Himmelskönigin solle doch besser versuchen, sie selbst an Kleiderpracht zu übertreffen.

Spätabends klopfte es an ihrer Tür. Eine zerlumpte Bettlerin stand davor, die sich von der Frau nicht vertreiben ließ, obwohl diese schimpfte.

Die Alte hob ihre Krücke und sagte: »Armselige! Die Bettlerin bist du! Deine Kleider sind doch Lumpen. Ich kann dir hingegen ein so kostbares Gewand anbieten, wie es noch keine Königin je getragen hat.«

Die eitle Frau hielt sie für eine Lügnerin und befahl ihr, doch endlich zu verschwinden. Da öffnete die Bettlerin lächelnd ihren schmutzigen Deckelkorb und zog ein goldschimmerndes Samtkleid heraus, dann einen glitzernden Schleier, einen Gürtel und ein Paar Schuhe, alles zusammen einer Kaiserin würdig.

Die törichte Frau beschwor nun die Alte auf den Knien, ihr das Gewand zu überlassen, sie wolle ihr dafür alles geben, was sie habe.

»Was du noch hast? Das ist nicht viel, denn du hast dein Gut längst für Tand vergeudet.« Dann schlug sie ihr vor, ihr die Kleider für drei Tage zu borgen. »Du gibst mir dafür das, was in der dritten Mitternacht von dem Kleid bedeckt sein wird.«

Drei Tage lang zeigte sich die Frau in der ganzen Stadt und bei Hof in ihrer Pracht und freute sich über den Neid der vornehmen Damen. Als aber die dritte Nacht angebrochen war, begann sie zu überlegen, was die Alte eigentlich gemeint haben könne. Und langsam begriff sie, dass ein so wunderbares Gewand kein Menschenwerk war. Es musste aus dem Himmel oder – eiskaltes Entsetzen ergriff sie – aus der Hölle stammen! Alle Versuche, das Kleid abzulegen, waren vergebens, es ließ sich auch nicht in Fetzen reißen. Sie hatte es noch immer an, als es um Mitternacht an der Tür klopfte und die Alte eintrat.

»Du hast mir das zum Lohn versprochen, was jetzt von dem Kleid bedeckt ist. Das bist du selbst und bist nun mein!«

Das Kleid ging in Flammen auf, die Bettlerin verwandelte sich in den Teufel und streckte die Klauen nach der Frau aus.

Doch plötzlich erhielt diese einen kräftigen Stoß und das Kleid fiel von ihr ab. Die heilige Barbara, deren Bild sie stets am Körper trug, hatte ihr »einen Stoß in den Himmel« gegeben. Von nun an führte die Sünderin ein gottgefälliges Leben in einem Kloster und musste den Teufel nicht mehr fürchten. Ihr Haus aber wurde »Zum Stoß im Himmel« genannt.

Die Wiener Öffis – Öffentliche Verkehrsmittel in alter Zeit

Fiaker nennt man sowohl zweispännige Mietkutschen wie auch deren Kutscher. Die Bezeichnung ist abgeleitet vom heiligen Fiacrius, einem irischen Einsiedler, der im 7. Jahrhundert in Frankreich lebte. In der nach ihm benannten Straße in Paris gab es 1662 den ersten Fiaker-Standplatz.

In Wien gehören die Fiaker seit 1693 zum Straßenbild. Seit 1720 tragen die Wagen Nummern und haben feste Preise. Daneben gab es die nicht nummerierten Stadtlohnwägen, die »Janschky-Wägen«, und die Einspänner. Um die Mitte des 18. Jahrhunderts wurden nicht gefederte, ein- und zweispännige Bauernleiterwägen als Beförderungsmittel für ärmere Leute eingeführt, die »Zeiserlwägen«. Sie waren mit eigenen Tafeln gekennzeichnet, boten acht bis 20 Personen Platz und wurden von den Wienern gern für Landpartien oder Fahrten zu den nahen Weinorten verwendet, die heute längst zu Wien gehören. Ab 1800 richtete man Liniendienste mit ihnen ein, zuerst zu anderen Städten (unter anderem nach Baden und Bratislava), ab 1817 auch für den Nahverkehr von der Innenstadt in die umliegenden Orte.

Um 1845 gab es 680 Fiaker, 24 Einspänner, 18 Landkutschen, 70 Stadtlohnwägen, 100 Stellwägen und 700 Zeiserlwägen, denen die 1832 gegründete Pferdetramway Konkurrenz machte. Ihre erste Linie führte von der Brigittenau nach Floridsdorf. Jeder Zug bestand nur aus zwei kleinen, mit Stangen verbundenen Wagen, zwischen denen ein Pferd lief. Es schob also den ersten Wagen über die eingeleisigen Schienen und zog den zweiten nach. Ab 1868 betrieb die Wiener Tramwaygesellschaft die Pferdestraßenbahn; sie war nur mehr vorne und mit zwei Zugpferden bespannt. Die erste Linie führte von der Schottenbastei nach Hernals und weiter nach

Dornbach. Nach der festlichen Eröffnung in Anwesenheit Kaiser Franz Josephs wurde sie von den Wienern geradezu gestürmt. Die Stellwagenkutscher waren hingegen gar nicht begeistert von der neuen, schnelleren Konkurrenz. Sie fuhren aus Zorn auch auf den Schienen, und zwar so langsam, dass die Straßenbahn nicht weiterkam. Als die Polizei dann die Widerspenstigen verhaftete, blieben die Kutschen auf den Geleisen stehen, sodass die Straßenbahnfahrgäste und Polizisten sie zur Seite schieben mussten. Man kann sich vorstellen, wie die unbeteiligten Wiener darüber lachten. Es dauerte aber nicht lange, bis die alten Stellwagen durch das neue Verkehrsmittel weitgehend verdrängt waren.

Das Leben der »Pferdebahner« war nicht leicht: Ihr Arbeitstag dauerte anfangs 16 bis 18 Stunden, später zwölf Stunden, und ihr Verdienst reichte gerade für die Miete einer winzigen Wohnung und mageres Essen aus. Sie schufteten wie »weiße Sklaven« und beschwerten sich, schlechter gehalten zu werden als die Zugpferde. Das stimmte wirklich, denn Kutscher (Rossknödel-Schupfer) und Schaffner (Kondukteure) waren aus dem Heer der Arbeitslosen jederzeit leicht ersetzbar – brauchbare Pferde hingegen nicht. Sie waren teuer.

Die Fahrt war für die Passagiere ebenso kostspielig wie schlecht. Das Schienennetz genügte nicht, die Wagen verkehrten unregelmäßig, waren überfüllt und in schlechtem Erhaltungszustand. Es gab viele Unfälle. Im Jahre 1897 verfügte die Wiener Tramway-Gesellschaft bei einem Netz von 81 Kilometern über 700 Wagen und 3800 Pferde, nach deren umgehängten Glöckchen die Wiener ihre Tramway »Glöckerlbahn« nannten.

Durch die Elektrifizierung wurde die Straßenbahn zum Massenbeförderungsmittel. Die Anzahl der Fiaker nahm ab, zur Zeit der Weltkriege und in den Nachkriegszeiten war Futter teuer. Taxis nahmen ihren Platz ein. Erst der Tourismus ließ das Fiakerwesen wieder aufblühen. Heute gibt es circa 40 Unternehmen mit insgesamt 160 Kutschen. Jede Kutsche ist mit einer Nummerntafel ausgestattet.

Die Wiener zählen heute nur mehr zu bestimmten Anlässen zur Kundschaft – zu Hochzeiten oder Firmungen. Wie einst gelten viele Fiakerkutscher in ihrer typischen, altmodischen Kleidung noch immer als Originale. Sie erzählen den Fahrgästen gerne ihre Geschichten. Das alte Fiakerlied aber hört man von ihnen nicht mehr. Joey singt es dir vor:

I hab zwa harbe Rapperln,
mein Zeugl steht am Grab'n,
a so wie dö zwa trapperln,
wern's net viel g'sehn no hab'n.
A Peitschen, a des gibt's net,
ui jessas, nur net schlag'n,
das allermeiste wär tsch' tsch',
sonst z'reißens glei in Wag'n.

Wann i mi so darinner'
An an' alten ersten Mai,
wo Wean no's alte Wean war,
kan Ring – nur die Bastei.
A Praterfahrt hat damals
Das schöne Wean vereint.
I siach no jedes fesche Zeug,
ak'rat als wär's erst heut.

I bin bald sechzig Jahr' alt,
vierz'g Jahr steh' i am Stand,
der Kutscher und sei Zeugl
war'n allweil' fein beinand.
Und kummt's amol zan O'fahrn
und wir i dann begrab'n,
so spannt's ma meine Rapperln ein
und führt's mi über'n Grab'n.

Anhang

Kurze Übersicht über die Geschichte Wiens

14	Vindobona gehört zur Provinz Pannonia superior, Stützpunkt auf der Freyung
97	Bau des Legionslagers
180	Kaiser Marc Aurel in Wien, Markomannenkriege
476	Ende des Weströmischen Reiches durch Odoaker
488	Abzug der keltisch-romanischen Zivilbevölkerung
600	Ansiedlung von Slawen und Awaren
700	Erste bayerische Landnahme, Missionstätigkeit
740	Gründung der Ruprechtskirche
796	Awarische oder Karolingische Mark, zweite bayerische Landnahme
881	Schlacht gegen die Magyaren »ad Weniam«
976	Babenberger werden Markgrafen von »Ostarrichi«
1137	Tauschvertrag von Mautern (Wien ist »civitas«)
1147	Zweiter Kreuzzug, Weihe der (1.) Stephanskirche
1155	Wien wird Hauptstadt
1156	Privilegium minus, Österreich wird Herzogtum
1221	Wien bekommt Stadt- und Stapelrecht
1246	Aussterben der Babenberger
1282	Belehnung der Habsburger mit Österreich
1349	Beulenpest: Ein Drittel bis die Hälfte der Einwohner sterben
1359	Fälschung der Freiheitsbriefe durch Rudolf IV. (Privilegium maius)
1365	Gründung der Universität
1421	Grausame Judenverfolgung
1433	Turmspitze von St. Stephan vollendet
1469	Wien wird Bistum
1521	Ferdinand I. wird Landesherr
1529	Erste Türkenbelagerung
1618–1648	Dreißigjähriger Krieg
1679	Große Pest
1683	Zweite Türkenbelagerung
1740–1780	Maria Theresia: Reformen
1781	Joseph II.: Toleranzgesetzgebung, Untertanenpatent
1792	Beginn der Koalitionskriege
1804	Österreich wird Kaisertum, Franz II. wird Kaiser Franz I. von Österreich
1805 + 1809	Napoleon besetzt Wien

1806	Auflösung des Heiligen Römischen Reiches Deutscher Nation
1814/15	Wiener Kongress, Gründung der Heiligen Allianz
1848	Revolution
1850	Wiener Gemeindestatut, Eingemeindung der 34 Vorstädte
1857	Schleifung der Befestigungsanlagen
1859	Einverleibung der Bezirke II und X in das Wiener Gemeindegebiet
1865	Eröffnung der Ringstraße
1867	Staatsgrundgesetze
1873	Weltausstellung, Börsenkrach und Cholera
1890–1892	Zweite Stadterweiterung durch Eingemeindung der Vororte
1897–1910	Modernisierungsschub unter Bürgermeister Lueger
1905	Eingemeindung von Floridsdorf
1914–1918	Erster Weltkrieg
1918	Ausrufung der Republik
1934	Ständestaat (Dollfuß, Schuschnigg)
1938	»Anschluss« an Deutschland; das um 97 Landgemeinden vergrößerte Groß-Wien wird Reichsgau
1939–1945	Zweiter Weltkrieg
1944	Luftangriffe
1945	Schlacht um Wien
1948–1953	Marshallplan zum Wiederaufbau
1954	Groß-Wien wird wieder verkleinert (23 Bezirke)
1955	Staatsvertrag
1979	Wien wird UNO-Sitz
1989	Begräbnis der letzten Kaiserin Zita in der Kaisergruft
1995	Beitritt Österreichs zur EU
1998 + 2006	Österreich hat ein halbes Jahr den EU-Vorsitz

Kurze Herrscherliste (Regierungsjahre)

(Ehefrauen sind nur dann angeführt, wenn sie im Buch »Wien für kluge Kinder« und diesem Band erwähnt sind; eine vorangestellte Ziffer bedeutet, um die wievielte Ehefrau es sich handelte.)

Mittelalter

Babenberger

Leopold III.
Markgraf 1095–1136 (Agnes von Waiblingen)

Heinrich II. Jasomirgott
Markgraf 1141, Herzog 1156–1177 (2. Gattin Theodora Komnena)

Leopold VI., der Glorreiche
Herzog 1198–1230

Friedrich II., der Streitbare
Herzog 1230–1246
Verwandt: Přemysl Ottokar II.
Herzog 1251–1278, König von Böhmen

Habsburger

Albrecht I.
Herzog 1282–1308, deutscher König 1298–1308, Sohn König Rudolfs I.

Friedrich d. Schöne
Herzog 1298–1330, deutscher Mitkönig (Isabella von Aragon)

Albrecht II.
Herzog 1330–1358

Rudolf IV., der Stifter
Herzog 1358–1365

Albrecht III.
Herzog 1365–1395

Albrecht V.
Herzog 1404–1439, als Albrecht II. deutscher König 1438–1439 (Elisabeth von Luxemburg)

Ladislaus Postumus (Laszla)
Herzog 1440–1457, König von Böhmen und Ungarn

Friedrich V. (III.)
Herzog 1458, deutscher König 1440, Kaiser 1452–1493

Maximilian I.
Erzherzog 1493, deutscher König 1486, Kaiser 1508–1519

Neuzeit

Habsburger

Karl V.
Erzherzog 1519–1521, deutscher König, Kaiser bis 1556, König von Spanien

Ferdinand I.
Erzherzog 1521, Kaiser 1556–1564, König von Böhmen und Ungarn

Maximilian II.
Kaiser 1564–1576

Rudolf II.
Kaiser 1576–1612

Matthias
Kaiser 1612–1619 (Anna von Tirol)

Ferdinand II.
Kaiser 1619–1637 (2. Gattin Eleonora Gonzaga)

Leopold I.
Kaiser 1657–1705 (2. Gattin Claudia Felicitas von Tirol)

Joseph I.
Kaiser 1705–1711

Karl VI.
Kaiser 1711–1740

Maria Theresia
Erzherzogin 1740–1780, Königin von Böhmen und Ungarn

Habsburg-Lothringen

Franz I. Stephan von Lothringen
Kaiser 1740–1765, Gemahl und Mitregent Maria Theresias

Joseph II.
Kaiser 1765–1790, [1765–1780 Mitregent Maria Theresias] (Isabella von Parma)

Leopold II.
Kaiser 1790–1792

Franz II. (I.)
deutscher Kaiser 1792–1806, österreichischer Kaiser 1804–1835

Ferdinand I.
österreichischer Kaiser 1835–1848

Franz Joseph I.
österreichischer Kaiser 1848–1916 (Elisabeth in Bayern)

Karl I.
österreichischer Kaiser 1916–1918 (Zita von Bourbon-Parma)

Kronprinz Dr. Otto von Habsburg Lothringen
Kronprinz 1912–2011

Öffnungszeiten

Belvedere

Oberes Belvedere

3, Prinz-Eugen-Straße 27
täglich 10 bis 18 Uhr

Unteres Belvedere, Orangerie

3, Rennweg 6
täglich 10 bis 18 Uhr; Mittwoch 10 bis 21 Uhr

Prunkstall

3, Rennweg 6
täglich 10 bis 12 Uhr

Winterpalais

1, Himmelpfortgasse 8
täglich 10 bis 18 Uhr
www.belvedere.at

Donauturm

täglich 10 bis 24 Uhr
www.donauturm.at

Hofburg

Augustinerkirche

1, Augustinerstraße 3
www.augustinerkirche.at

Hofburgkapelle

1, Hofburg-Schweizerhof
Montag, Dienstag 10 bis 14 Uhr; Freitag 11 bis 13 Uhr
www.hofburgkapelle.at

Kaiserappartements, Silberkammer, Sisi-Museum

täglich 9 bis 17.30 Uhr; Juli, August 9 bis 18 Uhr
www.hofburg-wien.at /
www.kaiserkinder.at

Nationalbibliothek, Prunksaal

1, Josefsplatz 1
Dienstag bis Sonntag 10 bis 18 Uhr; Donnerstag 10 bis 21 Uhr
www.onb.ac.at

Kaiserliche Schatzkammer

1, Schweizerhof
täglich außer Dienstag 9 bis 17.30 Uhr
www.khm.at

Hundertwasser Village

3, Kegelgasse 37–39
täglich 9 bis 19 Uhr
www.hundertwasser-village.com

Josephinum

9, Währinger Straße 25
Freitag, Samstag 10 bis 18 Uhr
www.josephinum.ac.at/

Kaisergruft

1, Tegetthoffstraße 2
täglich 10 bis 18 Uhr
www.kaisergruft.at

Kunst Haus Wien

3, Untere Weißgerberstraße 13
täglich 10 bis 19 Uhr
www.kunsthauswien.com/

Moschee Wien

21, Am Bruckhaufen 3

Montag bis Donnerstag 9 bis 12 Uhr (nach Voranmeldung)
www.islamiccentre.at

Oberlaa

10, Kurbadstraße 14

Kurpark Oberlaa

November bis Jänner 6 bis 18 Uhr; Februar 6 bis 19 Uhr; März 6 bis 20 Uhr; April, September, Oktober 6 bis 21 Uhr; Mai bis August 6 bis 22 Uhr
www.wien.gv.at/ma42/parks/oberlaa/htm

Therme Wien

Montag bis Samstag 9 bis 22 Uhr, Sonn- und Feiertag 8 bis 22 Uhr
www.thermewien.at

Prater

www.prater.at

Liliputbahn

2, Prater 99
März 10 bis 17 Uhr; April 10 bis 18 Uhr; Mai, Juni 10 bis 19 Uhr; Juli, August 10 bis 20 Uhr; September 10 bis 18 Uhr; Oktober 10 bis 17 Uhr
www.liliputbahn.com

Planetarium

2, Oswald-Thomas-Platz 1
www.planetarium-wien.at

Pratermuseum

2, Oswald-Thomas-Platz 1
Freitag bis Sonntag, Feiertag 10 bis 13 Uhr, 14 bis 18 Uhr
www.prater.at/Attraktionen

Riesenrad

www.wienerriesenrad.com

Römermuseum

1, Hoher Markt 3
Dienstag bis Sonntag, Feiertag 9 bis 18 Uhr
www.roemermuseum.at

Römische Baureste Am Hof

1, Am Hof (Feuerwehrzentrale)
www.wienmuseum.at

Schönbrunn

13, Schönbrunner Schloßstraße 47
www.schoenbrunn.at

Schloss Schönbrunn

1.April bis 30. Juni 8.30 bis 17.30 Uhr; 1. Juli bis 31. August 8.30 bis 18.30 Uhr; 1. September bis 31. Oktober 8.30 bis 17.30 Uhr; 1. November bis 31. März 8.30 bis 17.00 Uhr

Schlosspark

26. Oktober bis 23. Februar 6.30 bis 17.30 Uhr; 24. Februar bis 29. März, 15. September bis 25. Oktober 6.30 bis 19.00 Uhr; 30. März bis 11. Mai, 28. Juli bis 14. September 6.30 bis 20.00 Uhr; 12. Mai bis 27. Juli 6.30 bis 21.00 Uhr

Kronprinzengarten

15. März bis 30. Juni, 1. September bis 25. Oktober 9.00 bis 17.00 Uhr; 1. Juli bis 31. August 9.00 bis 18.00 Uhr; 26. Oktober bis 2. November 9.00 bis 16.00 Uhr

Irrgarten & Labyrinth

15. März bis 31. März, 1. bis 25. Oktober 9.00 bis 17.00 Uhr; 1. April bis 30. Juni, 1. bis 30. September 9.00 bis 18.00 Uhr; 1. Juli bis 31. August 9.00 bis 19.00 Uhr; 26. Oktober bis 2. November 9.00 bis 16.00 Uhr

Gloriette Aussichtsterrasse

15. März bis 31. März, 1. bis 25. Oktober 9.00 bis 17.00 Uhr; 1. April bis 30. Juni, 1. bis 30. September 9.00 bis 18.00 Uhr; 1. Juli bis 31. August 9.00 bis 19.00 Uhr; 26. Oktober bis 2. November 9.00 bis 16.00 Uhr

Brunnen Betriebszeiten

Wintersperre Mitte Oktober bis April
Neptunbrunnen 10.00 bis 16.00 Uhr
Parkbrunnen 8.30 bis 20.30 Uhr
Orangeriegarten 8.30 bis 20.30 Uhr
Ehrenhof 8.30 bis 20.30 Uhr
Römische Ruine 8.00 bis 21.00 Uhr
Obeliskbrunnen 10.00 bis 16.00 Uhr

Tiergarten

November bis Jänner 9.00 bis 16.30 Uhr; Februar 9.00 bis 17.00 Uhr; März, Oktober 9.00 bis 17.30 Uhr

Wüstenhaus

Oktober bis April 9.00 bis 17.00 Uhr; Mai bis September 9.00 bis 18.00 Uhr

Kaiserliche Wagenburg

November bis April 10.00 bis 16.00 Uhr; Mai bis Oktober 9.00 bis 18.00 Uhr

Palmenhaus Schönbrunn

1. Oktober bis 30. April 9.30 bis 17.00 Uhr; 1. Mai bis 30. September 9.30 bis 18.00 Uhr

Schubert-Gedenkstätten

Geburtshaus

9, Nußdorfer Straße 54
Dienstag bis Sonntag, Feiertag 10 bis 13 Uhr, 14 bis 18 Uhr
www.wienmuseum.at

Sterbehaus

4, Kettenbrückengasse 6
Mittwoch, Donnerstag 10 bis 13 Uhr, 14 bis 18 Uhr
www.wienmuseum.at

St. Marxer Friedhof

3, Leberstraße 6-8
November bis März 7 bis Einbruch der Dunkelheit; April, Oktober 7 bis 17 Uhr; Mai, September 7 bis 18 Uhr; Juni bis August 7 bis 19 Uhr
www.friedhoefewien.at

Zentralfriedhof

11, Simmeringer Hauptstraße 234
Jänner, Februar 7 bis 17 Uhr; März 7 bis 18 Uhr; April bis September 7 bis 19 Uhr; Oktober, Allerheiligen, Allerseelen 7 bis 18 Uhr; ab 3. November, Dezember 8 bis 17 Uhr
www.friedhoefewien.at

Literatur & wichtige Links für coole Kids

Willst du noch mehr über Wien lesen? Joey hat hier eine kleine Bücher- und Linkliste für dich zusammengestellt.

Wiens Geschichte

Csendes, Peter: Geschichte Wiens. 1981.
Ehrlich, Anna: Kleine Geschichte Wiens. 2011.
Opll, Ferdinand: Leben im mittelalterlichen Wien. 1998.
Pohanka, Reinhard: Hinter den Mauern der Stadt. 1987.

Altes aus Urgroßmutters Bibliothek

Bermann, Moritz: Geschichte Wiens. 1863.
Bermann, Moritz: Sagen und Geschichten aus der Kaiserstadt Wien. 1865.
Kisch, Wilhelm: Die alten Straßen und Plätze Wiens. 1893.
Kisch, Wilhelm: Die alten Straßen und Plätze von Wiens Vorstädten. 1895.
Stifter, Adalbert: Aus dem alten Wien. 1940.

Zum Nachschlagen

Ackerl, Isabella: Geschichte Österreichs in Daten. 2 Bände. 2008–2009.
Brandstätter, Christian (Hg.): Stadtchronik Wien. 1986.
Czeike, Felix: Historisches Lexikon Wien. 6 Bände. 1992–1997.

Interessante Wien-Bücher

Egghardt, Hanne: Maria Theresias Kinder. 2010.
Ehrlich, Anna: Wien für kluge Leute. 2011.
Ehrlich, Anna; Faulkner Jennifer: Wien für kluge Kinder. 2013
Etzlstorfer, Hannes: Maria Theresia, Kinder, Kirche & Korsett. 2008.
Feurstein, Michaela; Milchram, Gerhard: Jüdisches Wien. 2001.
Gugitz, Gustav: Sagen und Legenden der Stadt Wien. 1952.
Haas, Ingeborg: Der Prater. 2007.
Hajos, Beatrix: Die Schönbrunner Schloßgärten. 1995.
Hajos, Geza: Schönbrunn. 1976.
Hamann, Brigitte: Elisabeth, Kaiserin wider Willen. 1989.
Hasmann, Gabriele: Der Stephansdom. 2011.
Kugler, Georg: Die Wagenburg in Schönbrunn. 1996.
Lukacs, Gabriele; Bouchal, Robert: Geheimnisvolle Unterwelt von Wien. 2011.
Lukacs, Gabriele; Bouchal, Robert: Unheimliches Wien. 2010.
Mandl, Henriette: Wiener Altstadt-Spaziergänge. 1987.

Mutschlechner, Martin: Schloss Schönbrunn. 2012.
Peham, Helga: Maria Theresia ganz privat. 2003.
Pleyel, Peter: Friedhöfe in Wien. 1999.
Szegö, Johann: Vorstadt-Spaziergänge. 2004.
Szegö, Johann: Alt Wien – neu entdeckt. 2010.
Unterreiner, Katrin; Gredler-Oxenbauer, Wilfried: Die Hofburg: Sehenswürdigkeiten, Kunstschätze, Museen. 2009.
Wechsberg, Joseph: Der Dom war mein Lehrer. 1982.
Wiener Stadtwerke: Zeitmaschine U-Bahn. 1994.

Kinderbücher

Holland, Carola; Zauner, Thomas: Wien. Der neue Stadtführer für Kinder. 2006.
Komarek, Alfred: Flugs! Ein Spatz führt durch Wien. 2004.
Kronberger, Hans; Strutzmann, Ruth: Wien für Kinder und andere kluge Leute. 1992.
Närr, Martina: Kind in Wien: Ein Stadtführer für alle, die in Wien mit Kindern zu tun haben. 2012.
Pädagogische Arbeitsgemeinschaft: Alt- und Neu-Wien. 1. & 2. Teil. 1930.
Pongracz, Kristina: Wien für dich! Der Reiseführer mit Comics und Rätseln. 2012.
Rademacher, Christina; Langheiter, Anna: Wandern mit Kindern. Wien & rund um Wien. 2004.
Rademacher, Christina; Kastberger, Erwin: Unterwegs mit Kindern. Wien und Umgebung mit dem Rad entdecken. 2008.
Stüber-Gunther, Fritz: In und um Wien. Erzählungen für die reife Jugend. 1924.
Stüber-Gunther, Fritz: Wien, wie es war. Berichte und Schilderungen. 1920.
Vranovsy, Premysl: Komm mit! Wien für Kinder. 2008.
Winkler, Daniel; Geiger, Gundula; Hubl, Katharina: Kinder entdecken Wien. Ein Erlebnis-Stadtführer. 2006.
Witzmann, Reingard: Mein Wienbuch. 1990.
Wong, Suzie; Klapper, Maja: Wien für Kinder. 2012.

Wichtige Links für coole Kids

Sagen: www.sagen.at
Stephansdom: www.stephansdom.at
Habsburger: www.habsburger.net
Schönbrunn: www.schoenbrunn.at/wissenswertes.html
Hofburg: www.hofburg-wien.at
Geschichte: www.wien-vienna.at/geschichte.php
Tipps für einen Wienbesuch: www.wien.info/de/wien-fuer/familien/

Namenregister

Orts- und Straßenregister

Bildnachweis

Bundesgärten (61), Bwag/Commons (93), Cha già José (105), Kunsthistorisches Museum Wien (13, 37, 38), Herbert Ortner (100), Schloß Schönbrunn Kultur- und Betriebs Ges.m.b.H/Agentur Zolles (50), Schloß Schönbrunn Kultur- und Betriebs Ges.m.b.H/Alexander E. Koller (16, 65), Schloß Schönbrunn Kultur- und Betriebs Ges.m.b.H/Johannes Wagner (63), Schloß Schönbrunn Kultur- und Betriebs Ges.m.b.H/Katharina Schiffl (55), Schloß Schönbrunn Kultur- und Betriebs Ges.m.b.H/Peter Olschinsky (57)
sowie Alexander Ehrlich (www.ahre.at), Peter Grasz, Radosveta Iontcheva und Barbara Wolflingseder.

Die restlichen Bilder stammen aus dem Privatarchiv der Autorinnen beziehungsweise aus dem Bildarchiv Wienfuehrung (www.wienfuehrung.com). Die Autorinnen bedanken sich für die Abdruckgenehmigungen.

Der Verlag hat alle Rechte abgeklärt. Konnten in einzelnen Fällen die Rechteinhaber der reproduzierten Bilder nicht ausfindig gemacht werden, bitten wir, dem Verlag bestehende Ansprüche zu melden.